実例で学ぶ！
安全計画の立て方から園内研修
事故対応まで

保育・教育施設の

重大事故予防

完全ガイドブック

浅井拓久也

鎌倉女子大学准教授

SHOEISHA

はじめに

　「手遊びや絵本のレパートリーを増やすことと比べて、安全管理や事故防止って地味だよね？」「今までも大きな事故はなかったのだから、うちの園は大丈夫！」と思っていませんか。もしこの言葉にドキッとしたのなら、今すぐに本書を読んでください。今すぐに、です。

　本書は、保育士や幼稚園教諭だけではなく、居宅訪問型保育者、学童保育の支援員、子育て支援員等、保育や教育に関わるすべての方を対象とした、保育・教育における安全管理・事故防止に関する考え方やノウハウをぎゅっと凝縮した本です。

　本書には類書にはない３つの特徴があります。

　第１に、単に理屈や理想論を並べたのではなく、保育・教育現場の実情を踏まえた現実的な内容になっています。類書では、執筆者が保育を専門としているとは限らず、また保育の現場に対する無知や表面的な理解から、理想的・空想的なことばかり並べた内容になっています。本書の執筆者である私は保育学が専門であり、全国様々なところで安全管理・事故防止の講義をし、しかも実際に園を巡回して安全対策の指導・助言をしています。こうした経験から学んできた園の実際、実態、実情を踏まえた現実的な内容になっています。

　第２に、安全管理や事故防止と子どもや保育者が保育を楽しむことのバランスを考慮した内容になっています。類書では、子どもや保育者の気持ちを考えていないよう

な安全対策が掲載されていることが多くありました。「人の気持ち」を考えていない安全対策は継続することができず、早晩破綻します。本書では、子どもや保育者の気持ちに寄り添いながらできる安全管理・事故防止のカンドコロを明確にしました。安全管理・事故防止か子ども・保育者の気持ちかどちらか一方を選択するのではなく、両方大事にするためのカンドコロがわかる内容になっています。

　第3に、安全管理・事故防止に関する知識や技術がすぐに使えるようにまとめてあります。事故はいつ起こるかわかりません。安全管理・事故防止はすぐにでも実施することが大事です。類書では、あれこれ書いてあるものの結局何をすればよいのかわからず、保育者が「すぐに使える」「すぐに動ける」ようになる説明の仕方になっていません。本書では、多くの園で起こりうる事故の原因と対策を明示したり、どの園でも実施できる園内研修やワークの方法を説明したり、本書を読了後に保育者が「すぐに使える」「すぐに動ける」ようになる説明をしています。

　安全管理・事故防止は地味な裏方作業ではなく、保育の質向上や保育者のスキルアップにつながる「保育の花形」です。昨日まで事故が起こらなかったからといって明日事故が起こらないとは言い切れません。備えあれば患いなし。さあ、本書をじっくり読み、十分な備えを始めましょう。

2023年12月

浅井 拓久也

Contents

第 **2** 章

実例で学ぶ
重大事故の原因と防ぎ方

第 **3** 章

事故に強い施設にするための仕組みづくり

Contents

第 **4** 章

事故後の対応と 保護者コミュニケーション

Contents

第 **1** 章

意外と知らない？
安全管理の
常識・非常識

01 死亡事故は 毎年発生している

ガイドラインとは？　重大事故とは？　そもそも、重大事故はどのくらい発生しているのか、データを確認してみましょう。

▶ 死亡事故は毎年発生している

　右ページの表「死亡事故の報告件数」は2009（平成21）年から2022（令和4）年までの死亡事故の報告件数をまとめたものです。表を見ると、保育の現場では毎年死亡事故が発生していることがわかります。死亡事故が起こる場面や原因についてはこれから詳しく説明していきます。ですが、まず大事なことは、子どもを育てる場である保育の現場では、毎年、子どもの尊い命が失われているということです。こうした事実をきちんと理解しておくことが、安全に対する意識を高めることになります。

▶ 認可外保育所は死亡事故の発生率が高い

　認可外保育所の死亡事故件数にも着目してください。認可外保育所は認可保育所よりも施設数が少ないにもかかわらず、死亡数が多くなっています。つまり、認可外保育所は死亡事故の発生率が高いことがわかります。認可外保育所は、認可保育では応えることができない保護者の多様なニーズに柔軟に応えることができる等、保育制度に多様性や柔軟性をもたらす重要な存在です。ですが、自治体の立入調査結果によると、認可外保育施設の中には安全確保への対策や配慮が十分ではない施設もあり、死亡事故の発生率が高くなっているのが現状です。

▶ ガイドラインが示された背景

　このような現状を踏まえて、保育所や幼稚園のような特定教育・保育施設や、小規模保育所や家庭的保育所のような地域型保育事業者には、「〇〇保育園事故防止・対応マニュアル」のような、事故予防や事故発生時の対応が記載された指針を整備することが求められて

☐ 死亡事故の報告件数

施設／年	平成21	平成22	平成23	平成24	平成25	平成26	平成27	平成28	平成29	平成30	令和1	令和2	令和3	令和4	合計
認可保育所	6	5	2	6	4	5	2	5	2	2	2	1	2	1	45
認可外保育施設	6	8	12	12	15	12	10	7	4	6	3	2	3	3	103
認定こども園	—	—	—	—	—	—	1	0	1	0	0	2	0	1	5
その他保育施設	—	—	—	—	—	—	1	1	1	1	1	0	0	0	5

※認定こども園：幼保連携型、幼稚園型、保育所型
　その他保育施設：小規模保育事業、一時預かり事業、家庭的保育事業、病児保育事業
出典：内閣府「『令和4年教育・保育施設等における事故報告集計』の公表について」より作成

います。「特定教育・保育施設及び特定地域型保育事業の運営に関する基準」（平成26年内閣府令第39号）に「指針を整備すること」と規定されているからです。

　そこで、指針整備の参考として、内閣府は平成28年3月に「教育・保育施設等における事故防止及び事故発生時の対応のためのガイドライン【事故防止のための取組み】～施設・事業者向け～」（以下、「事故防止ガイドライン」）や「教育・保育施設等における事故防止及び事故発生時の対応のためのガイドライン【事故発生時の対応】～施設・事業者、地方自治体共通～」（以下、「事故発生時ガイドライン」）を示しました。

　子どもの安全を守るために、これらのガイドラインに示されていることを参考にして、各園の実情に応じた指針を整備することが必要なのです。もちろん、指針整備だけではなく、施設内での周知徹底も必要なことは言うまでもありません。

▶ 重大事故は2千件以上発生している

　事故防止ガイドラインでは、重大事故を次のように定義しています。まず、死亡事故です。死亡事故には、乳幼児突然死症候群（SIDS：Sudden Infant Death Syndrome）や死因不明とされた事例も含みます。また、都道府県や市町村において検証が必要と判断された事例です。例えば、意識不明がこれに該当します。これらの事例をまとめて、重大事故と定義しています。なお、こうした重大事故は令和4年に2,461件発生しています（死亡事故5件、意識不明19件、骨折1,897件など）。

02 重大事故が「子どもの命」の他に奪うもの

死亡事故のような重大事故は、子どもの命を奪うだけではありません。他にも多くのことを奪っていきます。それは……。

保護者や保育者が失うこと

重大事故は、子どもの命だけではなく、**保護者の子育ての喜びや、保育者の自信も奪ってしまいます。**

日に日に成長する我が子の姿は、保護者にとって大きな喜びの1つです。言葉が話せなかった子どもが「パパ」「ママ」と言ったり、一緒に食事したり。こうした幸せな日常が予期せぬかたちで崩壊した保護者の気持ちは、想像に余りあるのではないでしょうか。ましてや、事故が起きた場所が子どもの成長を支える保育所や幼稚園となれば、その衝撃はあまりに大きいのです。

重大事故は、保護者の子育ての喜びだけではなく、保育者の自信も奪います。自分が保育をしている最中に重大事故が起きれば、自分の保育に自信がなくなるのは言うまでもありません。「自分のせいで子どもを死なせてしまった」という気持ちはずっと残り続けてしまい、保育者としての自信を取り戻すことはかなり難しいでしょう。

組織・業界が失うこと

重大事故は、保護者や保育者のような個人だけではなく、**園や保育業界全体のような組織・業界に対する信頼も奪います。**死亡事故が起きれば園名や園長名が報道され、あっという間に多くの人に知れ渡ります。インターネット上には、その事実がほぼ永遠に残り続けるでしょう。園に対する信頼を回復するのはとても難しいのです。

また、保育業界全体に対する信頼も失ってしまいます。多くの保育者はいつも丁寧な保育をしているのですが、それでも重大事故が起きてしまうと、保育業界全体に対する不信や不安が高まってしまいます。

ポイント

事故が起こったことは消せない

　2017年にさいたま市の認可保育所でプール遊び中に4歳の女の子が死亡する事故が起こりました。その事故を報道した新聞記事は、現在（2023年10月時点）でもインターネットに掲載されています。入園前に園名で検索をして、事故の事実を知る保護者もいるでしょう。事故発生から6年が経過した今でも、死亡事故が起こった報道は消えずに残り続けているのです。

▶ 重大事故から教訓を学ぶ

　この原稿を書いている時点では、園バスに子どもが取り残されて死亡するという重大事故が続きました。こうした報道が続くと、園はとても危ないところのように思えてきます。

　実は、統計的に見ると、**重大事故はそれほど頻繁に起こるわけではない**のです。多くの園はいつも安全なのです。だからこそ、重大事故が起こると目立ち、テレビや新聞でたくさん報道されるのです。重大事故が目立つということは、ほとんどの園がいつも安全であることの裏返しでもあるのです。

　とはいえ、他園で重大事故が起きた際には、積極的に他山の石とすることが大事です。他山の石とは、自分の園とは関係ないことだと考えるのではなく、他園で起きた事故は自分の園でも起こりえるのだと**自分事としてとらえ、そこから教訓を学ぶ**ことです。重大事故は滅多に起きないことだからからこそ、事故防止の点検や確認がおろそかになっていることがあるのです。他園での重大事故を「自分の園でも同じような事故が発生するのではないか？」「その対策は十分か？」と考えるきっかけにするのです。

1

意外と知らない？　安全管理の常識・非常識

03 「事故・怪我ゼロ」を目指すと子どもが伸びない!?

事故や怪我を防止することと、子どもの主体性の尊重のバランスをとることが、何より大事です。

▶ 事故や怪我をゼロにすることは簡単だけれど……

実は、事故や怪我をゼロにすることは簡単なことです。なぜなら、子どものあらゆる行動を保育者の管理下におけばよいからです。ですが、子どもを管理しようとすればするほど、子どもに対して禁止、命令、指示が多くなってきます。これでは、子どもの主体性を伸ばすことは難しくなりますし、事故や怪我を通して子どもが自分で学ぶことも難しくなります。

もちろん、保育では、事故や怪我を防止することは大事なことですが、一方で子どもが主体的に行動しながら、自分で学んでいくことも大事なことです。

▶ 子どもの主体性を尊重しつつ事故・怪我を防止する

事故や怪我の防止について、事故防止ガイドラインには、「日々の教育・保育においては、乳幼児の主体的な活動を尊重し、支援する必要があり、子どもが成長していく過程で怪我が一切発生しないことは現実的には考えにくいものです。そうした中で、施設・事業所における事故、特に、死亡や重篤な事故とならないよう予防と事故後の適切な対応を行うことが重要です」と示されています。

大事なことは、2つあります。1つは、子どもの主体的な活動を尊重しながら事故や怪我を防止することです。事故や怪我の防止のために、子どもに対して禁止や命令ばかりしないように気をつけましょう。もう1つは、子どもの成長には事故や怪我はつきものだと理解することです。死亡事故のような取り返しのつかない事故や怪我は防ぐ必要がありますが、子どもの成長の過程ではどうしても生じてしまう事故や怪我もあります。

保育は子どもの命を守る場でもあり、子どもの主体性を伸ばす場でもあります。事故や怪我の防止と、子どもの主体性の尊重とのバランスが大事なのです。

ポイント

子ども自身が危険を察知・回避する力を育てよう

重大事故を防ぐためには危険を取り除く必要があるが、<u>過度な子どもの遊びの制約</u>については、一定の配慮を要する。乳幼児期の子どもが遊びを通して自ら危険を回避する力を身に付けていくことの重要性にも留意する必要がある。

出典：厚生労働省「保育所保育指針解説」（平成30年2月）※下線は筆者による

　保育者が子どもを管理下において禁止や命令ばかりしていると、子どもが自分で危険を察知して回避する力を育むことができなくなります。だからこそ、子どもの主体的な活動も大事にしつつ事故や怪我の防止をすることが大事なのです。

▶ 保育者を責めるようなことはしない

　子どもは成長するにつれて、活動範囲や活動量が多くなります。すなわち、事故や怪我が起こりやすくなるということです。伝い歩きを始めれば、転倒することもあるでしょう。友達と一緒に遊ぶようになれば、ケンカになることもあり、噛みつかれたり叩かれることもあるでしょう。

　こうした事故や怪我が起きた際に、**保育者を責めるようなことはしてはいけません**。もちろん、大きな判断ミスや確認不足があったというような場合なら話は別ですが、子どもが育っていく過程では事故や怪我はどうしても発生します。そのたびに保育者を責めるようなことをすれば、園の雰囲気は悪くなり、保育が委縮して、かえって事故や怪我が起きやすくなります。あるいは、事故や怪我を防ぐことばかり考えてしまうようになり、子どもの行動を厳しく管理するようになります。

　大事なことは、子どもの成長の過程では事故や怪我は起こりえると理解し、そのうえでできる対策をとっておくということです。月齢別に起こりえる事故や怪我は何でしょう？　それを防ぐためにできることは何でしょう？　**職員全員でこうしたことを考え合うほうが**、保育者を責めるより、事故や怪我の防止により効果的なのです。

1

意外と知らない？　安全管理の常識・非常識

04 保育現場で起こる重大事故は、おおよそ決まっている

重大事故は園の至るところで起こるわけではありません。意外に思うかもしれませんが、重大事故にはパターンがあります。

▶ 重大事故が起こりやすい3つの場面

　重大事故は、**子どもの睡眠中、プール活動・水遊び中、食事中**に起こりやすいことがわかっています。内閣府が毎年公表している事故報告集計でも、3つの場面別に死亡事故の件数を整理しています（「令和4年教育・保育施設等における事故報告集計」の公表について）。ですから、事故防止ガイドラインでも、子どもの睡眠中、プール活動・水遊び中、食事中に気をつけることが細かく示されています。

　また、「保育所保育指針」や「幼保連携型認定こども園教育・保育要領」でも、「事故防止の取組を行う際には、特に、睡眠中、プール活動・水遊び中、食事中等の場面では重大事故が発生しやすいことを踏まえ、子ども（園児）の主体的な活動を大切にしつつ、施設内外の環境の配慮や指導の工夫を行うなど、必要な対策を講じること」と、重大事故が起こりやすい3つの場面が示されています。

▶ 3つの場面の事故防止マニュアルは必須

　園には事故防止のマニュアルがあるでしょうか？　単にあるというだけではなく、その内容は十分でしょうか？　子どもの睡眠中、プール活動・水遊び中、食事中に重大事故が起こりやすいことを踏まえると、3つの場面における**事故防止マニュアルが必要**です。

　事故防止ガイドラインには、3つの場面別に留意事項がまとめてあります。ガイドラインを参考に、園の実情を踏まえた事故防止マニュアルを作成するようにしましょう（事故防止マニュアルの作成については第3章4を参照）。

ポイント

事故情報データベースを使った園内研修

　重大事故に限らず保育現場では同じような事故が起こります。園ではどのような事故が起こりやすいかを学ぶためには、内閣府による「特定教育・保育施設等における事故情報データベース」が役立ちます。データベースには、簡単ではありますが、事故が発生した要因分析も示されています。「データベースを見ながら、自園は大丈夫か？」「他にどのような要因があったのだろうか？」と、事故について様々なことを考えることで、安全に対する意識を高めることができます。なお、本書の第2章の事例はこのデータベースを基に作成しました。この中から事例を1つ取り上げて、事故の要因や解決策を職員全員で話し合ってみるのもよいでしょう。

▶ 3つの場面での事故防止を常に意識する

　ある時期、園バスに子どもが置き去りにされて死亡するという重大事故が続きました。この痛ましい事故を受けて、「こどものバス送迎・安全徹底マニュアル」が示されたり、園バスに安全装置を設置することが義務化されたりしました。

　こうした取り組みはとても大事です。重大事故から教訓を学び、悲劇を二度と起こさないように対策を講じることは、失ってしまった子どもの尊い命に対するせめてもの償いでもあるからです。

　ですが、ここで気をつけることがあります。こうした死亡事故が起こり、報道が過熱すると、そればかりに目が向いてしまうということです。この場合では、バスの安全対策ばかりに目が向いてしまって、**確率論的に園で重大事故が起きやすい3つの場面**での事故防止がおろそかになってしまうことです。

　他園で重大事故が起こったときは、その事故から学ぶだけではなく、**3つの場面の事故防止は十分か？**　という確認・点検も同時に行うと、重大事故を防ぐことにつながります。

05 重大事故防止のカギは、ヒヤリハットをつぶすこと

重大事故を防止するためには、日ごろの保育で起こるヒヤリハットを1つ1つ確実につぶしていくことが大切です。

▶ ヒヤリハットとは

　ヒヤリハットとは、事故や怪我にはならなかったけれど、「ヒヤッとした！」「ハッとした！」のように、肝を冷やしたり驚いたりしたことです。「子ども同士が衝突して、出血した」は事故や怪我ですが、「子ども同士が衝突しそうになった」はヒヤリハットです。事故や怪我の未遂とも言えるでしょう。

　こうしたヒヤリハットを集めた書類が、ヒヤリハット報告書です。ヒヤリハット報告書の書き方は第3章8〜9で後述します。ここでは、ヒヤリハット報告書を丁寧に読み解き、ヒヤリハットが起こらないようにすることが重大事故を防ぐために効果的であるということを覚えておいてください。

▶ ハインリッヒの法則

　では、なぜヒヤリハットをつぶしていくことが重大事故を防ぐことになるのでしょうか。その理由は、ハインリッヒの法則を理解するとわかります。

　ハインリッヒの法則とは、1件の重大事故の前には29件の軽微な事故があり、29件の軽微な事故の前には300件のヒヤリハットがあり、この300件のヒヤリハットをつぶしていくことが29件の軽微な事故を防ぎ、ひいては1件の重大な事故を防ぐことになるという考え方です。ハーバート・ウィリアム・ハインリッヒという人物の考えなので、ハインリッヒの法則と呼ばれます。

　重大事故を防ぐための万能薬はありません。日頃の保育で起こるヒヤリハットをきちんと分析し対策を講じていくことが、重大事故防止の近道なのです。

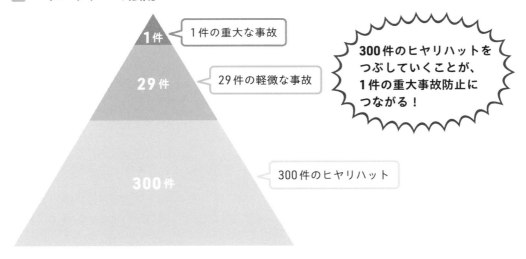

□ ハインリッヒの法則

1件 ← 1件の重大な事故

29件 ← 29件の軽微な事故

300件 ← 300件のヒヤリハット

300件のヒヤリハットを
つぶしていくことが、
1件の重大事故防止に
つながる！

▶ ヒヤリハットを話し合える雰囲気が大事！

　「重大事故を防ぐためには、ヒヤリハットをつぶすことが大事です」とは言うものの、そのためには、そもそもヒヤリハットを話し合える雰囲気を作ることが大事です。ヒヤリハットを報告すると報告者が叱責されたり、反省文を書かされたりするようでは、誰もヒヤリハットを報告しようとしなくなります。

　ヒヤリハットは事故・怪我の未遂のものです。だから、隠そう、黙っておこうと思えばいくらでもできます。ですが、ヒヤリハットが表にでてこないようになると、いつまでたっても重大事故を防ぐことにつながりません。

　実際、厚生労働省等による「こどものバス送迎・安全徹底マニュアル」には、「ヒヤリ・ハット事例について職員間で共有する機会を設けるとともに、日頃から報告しやすい雰囲気づくりを行っている」「日々のミーティングや、定例の職員会議等でヒヤリ・ハットを取り上げる時間を設け、また、報告者に感謝を示す等して報告を推奨することが大切です」と明示されています（下線は筆者による）。

　ヒヤリハットをしっかり報告し、職員全員で話し合って解決策を考えることが大事なのです。みなさんの園では、ヒヤリハットを報告しやすい雰囲気になっていますか？

06 事故や怪我に対する園の方針を保護者と共有する

事故や怪我に対する考え方や捉え方は保護者によって異なります。だからこそ、園の方針を保護者にきちんと伝え、共通理解をはかる必要があります。

▶ 事故や怪我が起こる「前」が大事！

事故や怪我に対する保護者の考え方と捉え方は様々です。少々の擦り傷や打撲は子どもが育っていく過程では当然に起こると考える保護者もいれば、園の中でそうした怪我が起こることは好ましくないと考える保護者もいます。

大事なことは、**事故や怪我に対して園がどのような方針でのぞんでいるのか**を保護者にきちんと伝え、共通理解をはかることです。事故や怪我に関して保護者とトラブルになる場合の多くは、こうした事前のすり合わせ（共通理解）が不十分か、事故や怪我発生時の初動のミスか、その両方の場合です。

第1章3で解説した通り、子どもの成長にはある程度の事故や怪我はつきものです。すべての事故や怪我を防止しようとするのは現実的ではありません。だからこそ、**事故や怪我が起こる前**に保護者と共通理解をはかることが大事なのです。

▶ 保護者に対する安全指導

2023年から安全計画の策定が義務化されました。厚生労働省「保育所等における安全計画の策定に関する留意事項等について」で提示されている安全計画の様式には、子どもだけではなく、**保護者に対する安全指導**の項目があります。1年を4つに分けて、保護者に対する安全指導の計画を作る様式になっています。

保護者に対する定期的な安全指導のなかで、子どもの育ちの過程では事故や怪我が起こること、事故や怪我に対する園の方針、保護者に理解してほしいことを伝えていきます。園と保護者が共通理解をはかることで、事故や怪我に対する双方の考え方や捉え方に大きな隔たりがなくなるようにしていくのです。

☐ 児童・保護者に対する安全指導の例

❶ 児童への安全指導（保育所の生活における安全、災害や事故発生時の対応、交通安全等）

- ・毎月の避難訓練時に防災について（火事、地震、台風、水害、不審者等）の安全指導を行う（避難訓練計画表参照）。
- ・交通安全指導については、園外保育・交通安全教室を通して道路の歩き方や横断歩道のわたり方、安全に対する意識を高める関わりを行う。また適時、大型絵本や紙芝居、DVD等を活用して視覚的にもイメージを持つことができるようにする。
- ・外部講師による交通安全教室を行う（不定期）。
- ・園だより等で、交通安全について周知する。

❷ 保護者への説明 共有

- ・年数回の防災だよりを発行。避難訓練や消火訓練へ子どもたちがどのように参加しているかを写真などを通して知らせる。また、防災に役立つ内容を発信し家庭でも取り組んでみるように呼びかけたりする。

出典：「愛児園平川保育所 保育所安全計画」（第3章2に掲載）より抜粋

▶ 保護者との信頼関係を作る！

　事故や怪我に対する園と保護者の共通理解をはかることに加えて、日頃の関わりを通して園や保育者に対する保護者の信頼を得ておくことも大事です。

　「あの先生なら大丈夫！」と保護者から思われていれば、そう思われていない場合と比べて、事故や怪我が起こった際の保護者の反応は大きく異なるでしょう。信頼というのは、それほど強いものなのです。

　では、保護者から信頼を得るためにはどうすればよいのでしょうか。それは、日頃から保護者と丁寧に関わることです。保護者の気持ちに寄り添ったものの言い方、対応、振る舞いを積み重ねていくことが、保護者からの信頼を得ることにつながっていきます。

　特に大事なことは、保護者がいだいたささいな「不満」を見逃さないことです。「不満」はやがて「不安」になり、最後は「不信」になります。「不信」は信頼がないことを意味しますから、これでは保護者と信頼関係を作ることができません。

　日頃から保護者から信頼されるような関わり方をすること。事故や怪我が起こった後の保護者対応も大事ですが、事故や怪我が起こる前の保護者との関わり方も大事なのです。

07 職員の事故防止の意識と行動を変える「SDG」

事故防止につながる行動をするためには、まずはものの見方を変える必要があります。事故防止に対する理解を深め、納得することが大事です。

▶ SDGという考え方

　SDGと言えば、最近はやりの「持続可能な開発目標（SDGs）」のことだと思われる方もいるかもしれませんが、そうではありません。SDGとは、See（ものの見方）、Do（行動）、Get（結果）それぞれの頭文字をつなげたものです。結果を変えるためには行動を変える必要があり、行動を変えるためにはものの見方（あるいは考え方）を変える必要があるという意味です。

▶ 行動を変えるだけでは、事故防止につながらない

　SDGの考え方は、事故や怪我の防止にも使えます。ヒヤリハットや事故、怪我が起こってしまった場合、その結果を変えるためには（ヒヤリハットや事故、怪我を起こさないためには）、行動をどのように変えればよいかを考えます。次に、その行動に変えるためにはものの見方をどのように変えればよいかを考えます。

　SDGの考え方のポイントは、結果を変えるためには行動を変えるだけではなく、ものの見方を変える必要があるということです。事故や怪我の防止のためにあれをしよう、これをしようと行動を変えようとする園や保育者は多くいますが、行動のもとになっているものの見方、ここでは事故や怪我に対する考え方が変わっていないと、いつの間にか行動は元に戻ってしまい、事故や怪我を防止するという結果につながらないのです。

　事故や怪我に対する自分のものの見方は、事故や怪我について職員同士で話し合ったり、事故や怪我の事例を読んだりすることでわかります。自分がもっているものの見方を理解して、どう変えるともっとよくなるのかを考えてみましょう。それが、行動や結果を変えることにつながります。

☐ SDGがわかる例

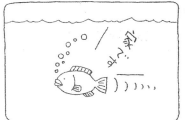 

- 海のことをブタは「海」として、魚は「家」としてとらえています。
- 一方でカモメは「食卓」と考えているので、「獲物を狙う」行動をし、「獲物を手に入れる」結果を得ています。
- このように、ものの見方が異なると行動が変わります。だからこそ、自分のものの見方を自覚し、時に変更・修正する必要があるのです。

出典：小泉吉宏『ブッタとシッタカブッタ＜1＞こたえはボクにある』(KADOKAWA) より許諾を得て掲載

▶ SDGの考え方を身につけると、他者理解が深まる

SDGの考え方を理解すると、**他者理解も深まります**。なぜなら、他者の行動を解釈する際に、「どのような見方をしているのだろうか？」「どのような考えをすると、こうした行動につながるだろうか？」と考えることで、行動の意図をより正確に理解でき、他者理解を深めることができるからです。

事故や怪我に対する保護者の考え方は様々にあると説明しましたが、園内で起きた子どもの怪我（結果）に対して園に厳しい姿勢でのぞむ（行動）保護者もいるでしょう。こうしたときも、「怪我をするということに対して、どのような考え方をしているのだろうか？」と考えることで（ものの見方）、保護者の姿勢の意図を適切に読み解くことができます。

事故や怪我の防止というと行動ばかりに目が向きがちですが、実は**ものの見方に目を向けることはもっと大事なこと**なのです。ものの見方が行動を決め、行動が結果とつながっているからです。

08 法的責任を問われる「3つの条件」がある

法的責任を追及されることを恐れすぎると、保育が委縮してしまいます。どのような場合に法的責任があると判断されるのか理解しましょう。

▶ 法的責任があると判断さるための3つの条件

事故や怪我に対して園や保育者が法的責任を負うことになるのは、どのような場合でしょうか。それは、**①過失、②事故や怪我、③「①と②」に因果関係がある**、この3つの条件がそろう場合です。

さらに①の過失は、**予見可能性と結果回避可能性**から判断されます。予見可能性とは園や保育者は事故や怪我が起こることを予想できた、結果回避可能性とはそうした事故や怪我が起こることを回避（防止）することができた、ということです。

▶ 事例を使って考えてみましょう

たとえば、子どもの手が届くところに置かれたカッターナイフを子どもが勝手に持ち出して、振り回した際に自分の頬や額を切って出血してしまった場合を考えてみましょう。

子どもの手が届く場所にカッターナイフを置いたままにしておけば、事故や怪我が起こる可能性があることは保育者なら予想できるので、予見可能性があります。カッターナイフは保育者がきちんと保管しておくことで事故や怪我を回避することができるので、結果回避可能性があります。つまり、①の過失があると判断されます。

次に、カッターナイフを振り回した際に自分の頬や額を傷つけて出血しているので、②の事故や怪我が生じています。また、過失（①）と事故や怪我（②）の間には因果関係（③）があります。カッターナイフを振り回したから出血したのですから。

この事例では、①②③の3つの条件がそろっているので、園や保育者は法的責任を問われる可能性があるということになります。

☐ **事例で考える法的条件が問われる３つの条件**

事故の概要
子どもの手が届くところに置かれたカッターナイフを子どもが持ち出して、自分の頬や額を切った

状況の分析	
子どもの手が届く場所にカッターナイフを置いたままにした	カッターナイフが子どもの手の届かないところにあれば、事故は防げた
→予見可能性：あり	→結果回避可能性：あり

・・・・・②事故や怪我

③両者に因果関係があるので、法的責任が問われる

・・・・・①過失あり

▶ 事故や怪我を予想し結果を回避する力を高める方法

　過失があったと判断される際のポイントは、予見可能性と結果回避可能性です。事故や怪我を予想し結果を回避できたか否かということです。では、事故や怪我を予想し回避する力を高めるにはどうしたらよいでしょうか。

　1つは、内閣府による「**特定教育・保育施設等における事故情報データベース**」に集められた事故や怪我の事例を読むことです。ぱっと見るとたくさんあるなと感じるかもしれませんが、類似する事例も多くあるので、実際はそれほどたくさんということではありません。

　2つめは、テレビや新聞で重大事故が報道された際は、その事例を使った**事例検討会**をすることです。「私たちも気をつけよう！」で終わるのではなく、この事例の場合、何を予想すればよかったか、どうすれば結果を回避できたかを考え合うのです。

　最後に、行政から発信される様々な**マニュアル、ガイドライン、通知**を読むことです。こうした文書には、起こりそうな事故や怪我、その回避方法が書かれていることも多くあります。

　こうした3つの方法を使うことで、事故や怪我を予想し回避する力を確実に高めていくことができます。

コラム

「保護者からの信頼」は、事故発生時の備え！

　事故発生時ほど保育者との信頼関係が問われる場面はないのではないでしょうか。日頃から保護者と丁寧に関わり「信頼貯金」を増やしておくことで、事故発生時の保護者とのコミュニケーションが円滑に進みます。

　若手保育者のなかには、親しみやすい保育者になりたいという方がいます。もちろん、親しみにくい保育者より親しみやすい保育者のほうがよいのは言うまでもありません。ですが、**事故発生時に重要になるのは、親しみやすさではなく保育者に対する信頼です。**「あの先生なら大丈夫！」「この園ならきちんと対応してくれる！」という保護者からの信頼の有無や強弱が事故発生時の保護者とのコミュニケーションに大きな影響を及ぼします。

　保護者から頼まれたことを忘れてしまうことはありませんか？ 保護者から質問されたことにきちんと回答していますか？ こうした**日々の何気ない保護者との関わりが、保護者が園・保育者を信頼するか否かにつながっていきます。**日頃から保護者に丁寧に関わることが何より大事なのです。親しみやすい保育者を目指すのもよいですが、まずは保護者から信頼される保育者を目指しましょう。みなさんが保護者から信頼されている保育者であることが、事故発生時に対する備えの１つにもなるのです。

保護者との日頃の関わりで意識すること（バイステックの７原則）
- ①傾聴・受容・共感的理解
- ②利用者・相談者のありのままの感情表出の促進
- ③自らの感情のコントロール
- ④一人ひとりの個別性の尊重
- ⑤非審判的態度
- ⑥利用者の自己決定の尊重
- ⑦秘密保持

第 **2** 章

実例で学ぶ
重大事故の
原因と防ぎ方

case

01

室内編

睡眠（体位）

認可外保育施設 0歳男児。睡眠中に呼吸が停止し、事故発生後16日後に死亡した。

 普段から、バスタオルが好きでバスタオルを口元に持っていくことがあり、眠るときも、口元にタオルがあると安心する子だった。寝返りしてうつぶせになることもしばしばあった。当該施設では、これまで大きな事故がなかったため、万が一という意識が薄く、マニュアルもなかった。また、事故当日の時間帯は、乳児2名であり、保育室で、1人の保育士のみが勤務していた。

事故の詳細

9:10 眠ったので仰向けにするが、うつぶせ寝になったので、仰向けになおす。もう1人の子がぐずり始め、あやしたり、オムツ替えをしたりバンサーをゆらゆらさせてる間にうつぶせになっていたが顔が横を向いていたのでそのままの状態で寝かせた。

9:35 オムツ替えのオムツを捨てに行き戻ってきた時にバスタオルがやや上のほう方にかぶさっているのを発見し、めくると顔が下向きになっていたためあわてて抱き起こす。反応がなく呼吸音も感じられずゆさぶったり背中をたたいたり声をかけるが反応なし。

9:50 保護者に連絡。119番に連絡。保護者が駆けつけ、本児を引き渡す。

10:10 救急車に母親が同乗し、病院に向かう。集中治療室での治療を行ったものの、事故発生から16日後に死亡。

死因 不明

うつぶせ寝になっているかどうかの判断基準を確認してみましょう。

▶ 事故原因の分析

　この死亡事故には睡眠中の事故を引き起こす要因（リスク）が3つ含まれています。1つめは、うつぶせ寝です。「顔が横を向いていたのでそのままの状態で寝かせた」とありますが、子どもの顔が横を向いていても、**胸部の向きが下向きならうつぶせ寝**と判断します。2つめは、睡眠時のバスタオルの使用です。バスタオルのような軽いタオル類は**子どもが動くとそれに伴って動く**ため、保育者が気づかぬ間に子どもの顔を覆ってしまうことがあります。3つめは、子どもから離れたことです。睡眠中の子どもから離れると「まさか」「しまった」が発生した際に対応が遅れてしまいます。

▶ 再発予防策

　うつぶせ寝の判断をする際は、子どもの顔と胸部の向きを確認しましょう。また、本事例のように子どもがお気に入りバスタオルやぬいぐるみがあることで安心して睡眠できるという場合は、「これは危険だから！」といって何でも取り上げてしまうのではなく、子どもが入眠するまでは保育者が注視しながら使い、入眠後に除去するとよいでしょう。保育は安全も大事ですが、子どもの気持ちも大事だからです。

　「これまで大きな事故がなかったため、万が一という意識が薄く」とありますが、**これまでに事故がなかったことと、今後も事故が起こらないことは同じではありません**。だからこそ、保育の安全管理や事故防止は「意識的に」「自覚的に」行わなければならないのです。

睡眠事故防止の原則

◆ 子どもは仰向けに寝かせる！

　睡眠中は、重大事故が起こりやすい場面の1つです。保育所保育指針にも、「事故防止の取組を行う際には、特に、睡眠中、プール活動・水遊び中、食事中等の場面では重大事故が発生しやすい」と明示されています。

　子どもが睡眠する際は、仰向けに寝かせることが大事です。事故防止ガイドラインでも「医学的な理由で医師からうつぶせ寝をすすめられている場合以外は、乳児の顔が見える仰向けに寝かせることが重要」と示されています。

　なお、子どもの顔が横を向いていても、胸部が敷布団とぴったりくっついている場合はうつぶせ寝と判断して、仰向けに寝かせるようにしましょう。

◆ 子どものそばから離れない！

　子どもの睡眠時は、寝ている子どものそばから離れないことも大事です。仰向けに寝かせていたとしても、子どもが寝返りを打つこともあるし、体調が急変することもあるからです。事故防止ガイドラインにも「何よりも、一人にしないこと、寝かせ方に配慮を行うこと、安全な睡眠環境を整えることは、窒息や誤飲、けがなどの事故を未然に防ぐことにつながる」と示されています。

　勤務している保育者がぎりぎりの人数の場合、保育者が子どものそばを離れると、誰も子どもを見ていない時間が生まれることもあります。少しくらい離れてもよいだろうという判断が、取り返しのつかない事故につながります。子どもの睡眠中は常に子どものそばにいるようにしましょう。

　もちろん、寝ている子どもの様子を見ながら、連絡帳を書いたり製作物を作ったりすることもあるでしょう。こうした「同時進行」をしないと保育が回らないという事情もよくわかります。ですが、睡眠中は子どもが死亡するリスクが高く、実際に睡眠中に子どもが死亡する事故が発生しています。どうすれば同時進行の仕事を回避できるかを職員全員で考えてみましょう。それが、睡眠中の死亡事故を防ぐことにつながるからです。

◆ チェックリストを用意しておく

睡眠中の死亡事故を防止するためには他にも留意することがあります。

まず、呼吸チェック表を作り、きちんと時間をはかってチェックすることです。乳児の呼吸チェックは5分に1回行いますが、乳児の呼吸チェック表が10分に1回の書式になっている園もありました。また、きちんと時間をはからないで呼吸を確認している園もありました。

次に、昼食後の午睡前には、食べ物が子どもの口に残っていないか確認することです。ミカンの皮が口の中にはいっていたというヒヤリハットの事例がありました。食べ物に限らず、口の中に異物が残っていないかも確認する必要があります。

さらに、子どもが睡眠をとる保育室は子どもの表情がよくわかる明るさにすることです。部屋を真っ暗にすると、子どもの様子の変化や異変に気がつくのが遅れるからです。

この3つ以外にも、やわらかい布団やぬいぐるみは窒息の原因になるため使わない、ヒモやヒモ状のものを子どものそばに置かないなど、様々な留意事項があります。そこで、子どもの睡眠時に留意することをチェックリストにしておくとよいでしょう。チェックリストを用意しておくことで、睡眠中に確認することを見落とすことがなくなります。

自治体によって異なる「呼吸チェックの間隔」

呼吸チェックの間隔は自治体によって異なるので、確認しておきましょう。乳児は5分、1歳児は10分、2歳児以上は15分の間隔が適切と判断する自治体もあれば、6か月未満児は5分に1回、6か月以上児から1歳児は10分に1回、2歳児以上は20分の間隔が適切と判断する自治体もあります。自園の所在地の自治体基準を確認し、呼吸チェック表に反映するようにしましょう。

case 02

室内編

睡眠 (乳幼児突然死症候群：SIDS)

認可外保育施設　0歳男児。睡眠中に呼吸が停止し、事故発生翌日に死亡した。

 事故が発生した園では、SIDS対策として睡眠時の呼吸チェックは5分おきに実施している。また、保育士の救命救急講習の受講を義務付けている（年1回。直近は40日前に受講済）。事故発生時は0～2歳児8名に対して、3名の職員を配置していた。

事故の詳細

| 16:00 | 呼吸チェックを行った（当該園児の寝息を確認。バスタオルを顔にかぶり仰向けで寝ていた）。他の園児を1人ずつ起こし、おむつ交換、イスへ着席させるなどしていた。当該園児は1歳未満児なので最後に起こすようにしていた。 |

| 16:05 | 当該園児に保育士が声をかけるが反応なく呼吸がないことを確認。直ちに別室に移動し、保育士により人工呼吸、胸部圧迫を開始した。同時に、保護者と保護者の勤務先（病院）に連絡。 |

| 16:25 | 保護者（看護師）が到着。救命処置を引き継ぐ。 |

| 16:35 | 病院内へ搬送。その後、医療スタッフによる救命処置を継続。 |

| 17:08 | 心拍再開。 |

| 17:10 | 近隣の救急病院へ搬送。 |

| 翌日 | 搬送先病院で死亡確認。 |

死因　SIDSの疑い。

ここに
注目
乳幼児突然死症候群について、現時点で
どんなことがわかっているか考えてみましょう。

▶ 事故原因の分析

　乳幼児突然死症候群（SIDS）は文字通り突然発生し、その原因ははっきりとわからないと言われています。この事例のように安全管理マニュアルや緊急連絡ルートが整備・用意されており、保育者が救命救急講習を受講していたとしても対応できず、さらに事故後の原因分析も難しいのが現状です。ですが、はっきりとした原因がわからないとはいえ、**SIDSは預かり初期に発生しやすい**というように、どの時期（タイミング）で発生しやすいかはわかってきました。

▶ 再発予防策

　SIDSの原因が明確にできないからといって、「しかたがない」「どうしようもない」と簡単にあきらめてしまってはいけません。**仰向け寝を徹底したり、預かり初期は特にきめ細かく睡眠時の様子を確認したりするなどして**、子どもの尊い命を守ることが保育者に求められます。

　なお、この事例では、「バスタオルを顔にかぶり仰向けで寝ていた」とあります。家庭や保護者の匂いが残るバスタオルが好きな子どもは多く、園での睡眠時も欲しがることがあります。このような場合は、おおよそ入眠するまでは子どものそばにおき、入眠した時点で除去するようにしましょう。

乳幼児突然死症候群（SIDS）予防の原則

✦ 乳幼児突然死症候群とは？

　乳幼児が何の前触れも既往歴もなく突然死亡することを乳幼児突然死症候群（SIDS：Sudden Infant Death Syndrome、以下SIDS）といいます。SIDSは窒息などの事故とは異なります。厚生労働省のホームページによると、令和3年には81名の乳幼児がSIDSで死亡しており、乳幼児の死亡原因としては第3位となっています。

✦ なぜSIDSが起こる？

　乳幼児が突然死亡するというのはこれ以上ない悲惨な出来事ですが、実はSIDSの原因ははっきりわかっていません。SIDSの原因がはっきりわからなくても、SIDSを防止するために厚生労働省は以下の3つの提案をしています。

---

① 1歳になるまでは寝かせる時はあおむけに寝かせましょう。
② できるだけ母乳で育てましょう。
③ たばこをやめましょう。

　こうした提案を守ることに加えて、「ベビーセンサー」のような、乳幼児が一定時間動かない場合にアラームを発するデバイスを使うのもよいでしょう。神奈川県大和市では、睡眠時の安全対策強化のために、市内すべての保育所にベビーセンサーを導入する取り組みを行いました。こうした取り組みが、SIDS防止につながります。

　また、こうしたデバイスがあることを保育者から保護者に伝えるのもよいでしょう。こうした情報を保護者が知り、ベビーセンサーを自宅で活用することで、自宅でのSIDS防止につながります。

　SIDSはその原因がはっきりわかっていません。ですが、SIDS防止のためにできることはたくさんあります。医学が進歩しSIDSの原因がわかるまで、保育者と保護者それぞれがいまできることをし、子どもの命を守ることが大事なのです。

ベビーセンサーの例

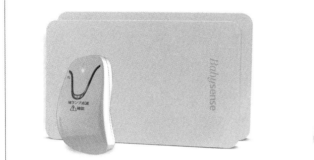

左の画像は「ベビーセンスJ＋R1」（ベビーセンスジャパン合同会社）。乳児（1歳未満）の体動を継続的に感知し、体動が20秒停止する、または1分間に10回未満になった場合に警告を発します。
右の画像は「Snuza Hero」（snuza 社）。乳児の腹部の動きを15秒間検出できなかった場合に、乳児を喚起するために本体が振動します。また、5秒以上、腹部の動きが検知できない場合、および、毎分8回未満しか体動が検知できない場合に警告音を発します。

SIDSは預かり初期に発生しやすい

SIDSの原因はわかっていませんが、**預かり初期に発生しやすい**ことがわかっています。保育所などでの預かり初日から1か月程度はSIDSのリスクが特に高いということです。はっきりとしたことはわかっていませんが、自宅から保育所への**環境変化に対するストレス**が原因ではないか、そのため**慣らし保育を十分に行うことや子どもの体調が悪いときは預けないこと**を徹底するなどの意見があります。

預かり初期にSIDSが発生しやすいことを意識して、預かり初期の子どもにはより丁寧に対応することです。保育者が知っているだけではなく、保護者にもこうした情報を伝え、協力してもらうようにしましょう。

子どもの気持ちも大事に！

睡眠中の事故防止は大事ですが、**子どもの気持ちも大事**にしてください。事故防止のために仰向けでないと絶対に寝かせないというのではなく、子どもが入眠し始めたら仰向けにするというように、子どもの気持ちも大事にしながら事故防止をするようにしましょう。

case
03
食事（事故予防の原則）

認可保育所　1歳男児。給食中に食事をのどに詰まらせてしまい、事故当日に死亡が確認された。

 事故にあった子どもの当日の様子はいつもと変わらなかった。当該施設では、苦手な食材を少しでも食べられるようになってもらうことを目的として、好きな食材と交互に与えていた。なお、離乳食のメニューは1種類しかなく、完了期のメニューは作成されていなかった。

事故の詳細

11:10　3人の園児に保育士が1人ずつ対面して給食を食べ始める。当該児童に苦手なリンゴから食べさせた。はじめは時間をかけてゆっくり食べすすめていた。途中、口からリンゴを出してしまった為、おかずと一緒に食べさせた。

11:30　パンとリンゴを口に入れ、パンのみを食べたため、口の端にあったリンゴを中央に持ってきて、ハンバーグを口に入れた時に泣き始め、体をのけぞらせるようにして嫌がる素振りをした直後につまらせてしまう。A保育士が「当該児童がおかしい」とまわりの職員に異変を伝えた。BとC2人の保育士が異変に気付き、当該児童を抱えて背中をたたき、口に指を入れようとしたが、口は開かなかった。

11:38　119番通報、AED装着。

11:43　救急車到着。救急隊員が応急処置。その後病院へ搬送。

13:14　死亡確認。

ここに 注目 一般的な食事提供の注意点だけではなく、
子どもの気持ちにも着目して考えてみましょう。

▶ 事故原因の分析

　起こるべくした起きた事故と言わざるを得ません。まず、**一度に口の中に詰め込み過ぎ**です。特に苦手なものはきちんと噛んだり飲み込んだりできないこともあります。この事例では、子どもが苦手なリンゴを飲み込むことができない状態にもかかわらず、「食べやすくするため」という安易な判断に基づいて次の食べ物を口の中に詰め込んでしまったことが死亡事故の直接的な原因です。

　また、**子どものペースではなく、園の都合で食事を進めたことも間接的な原因**になっています。この事例では、園は時間内に食事を食べきることを目標にしていました。そのため、子どものペースではなく時間を優先し、次々と子どもの口に食べ物を運んでいったのです。

▶ 再発予防策

　保育には活動の区切りや流れもあるので、無制限に食事を続けてもよいということではありません。園での食事の時間を決め、**その子が食べられるだけ食べればよいと考えて食事を提供する**ことが大事なのです。こう言うと、「そうすると、子どもは好きなものだけ食べてしまい、苦手なものは食べないのでは？」と言う方もいます。ですが、苦手なものは大人になるにつれて食べられるようになることもあります。また、**苦手な食べ物の克服は、園ではなく家庭ですべきこと**とも考えられます。子どもの育ちと食事に伴うリスクの双方から、園の食事の方針や方法を再検討してみるとよいでしょう。

食事中の事故予防の原則

✦ 食事は子どものペースに合わせて！

　食事の提供は子どものペースに合わせましょう。事故防止ガイドラインにも「ゆっくり落ち着いて食べることができるよう子どもの意志に合ったタイミングで与える」「子どもの口に合った量で与える（一回で多くの量を詰めすぎない）」と示されています。

　子どものペースに合わせる際は、特に次の2つに気をつけましょう。1つは、苦手なものを食べているときは、きちんと飲み込んだかを確認することです。苦手なものを食べるときは、しっかりかまずに飲み込もうとしたり、なかなか飲み込めないで口の奥に残していたりすることがあります。そのため、苦手なものを食べている際は、口の中に食べ物が残っていないか確認することが大事です。

　もう1つは、手づかみや食具を使って自分で食べ始めるようになった際は、適量になっているか確認することです。子どもが自分で食べられるようになったことは成長の結果であり望ましいことですが、適量をつかんでいる（盛っている）とは限りません。「自分で食べられるようになったから大丈夫！」ではなく、「自分で食べられるようになったからこその危険がある」と考えて、子どもから目を離すことがないようにしましょう。

✦ 「時間内に食べきること」はとても危険！

　園での食事は、子どもが食べられるだけ食べればよいと考えましょう。事例で紹介した園では、子どものペースではなく、時間内に食べきらせることを優先した結果、食事をのどに詰まらせて子どもが死亡する事故が起こりました。

　園での食事の原則は楽しく食べることです。楽しく食べる中で、子どもは食材や食事に興味をもったり大人数で食事することの楽しさを味わったりするのです。時間内に食事を終わらせるために急かしても、苦手なものを無理やり食べさせても、子どもは食事を楽しむことはできません。それどころか、食事中の事故発生率を高めるだけです。

　「子どもの頃は苦手だったけれど、大人になったら食べられるようになった」という経験はみなさんもあるでしょう。園では子どもが食事を楽しむことが大事です。それが、食事中の事故防止にもなるのです。

■ 誤嚥や窒息につながりやすい食材

特徴	食材の例
弾力があるもの	こんにゃく、きのこ、練り製品など
なめらかなもの	熟れた柿やメロン、豆類など
球形のもの	プチトマト、乾いた豆類など
粘着性が高いもの	餅、白玉団子、ごはんなど
固いもの	かたまり肉、えび、いかなど
唾液を吸うもの	パン、ゆで卵、さつま芋など
口の中でばらばらになりやすいもの	ブロッコリー、ひき肉 など

食物の大きさが、球形の場合は直径4.5cm以下、球形でない場合は直径3.8cm以下だと危険性が高まるとされています。とはいえ、大きさが1cm程度のものであっても、子どもの臼歯の発達状態や食事の取り方によっては食品を十分にすりつぶすことができないため危険性が高まります。食事の提供方法や介助方法を工夫する必要があります。

出典：内閣府「教育・保育施設等における事故防止及び事故発生時の対応のためのガイドライン（平成28年3月）」より作成

■ 食事中の事故予防のチェックリスト

☐	食べ物を飲み込んだか	特に、苦手なものを食べている際は口の中に残っていないか注意しましょう。
☐	汁物などの水分を適切に与えたか	「お茶も飲んでみようね」と保育者から声がけして、水分をとりながら食事する習慣を身につけられるようにしましょう。
☐	食事の提供中に驚かせていないか	ある認可外保育所では、DVD視聴しながら食事をとっていました。食事中は食事に集中できるような環境作りが大事です。
☐	食事中に眠くなっていないか	眠くなっているときは咀嚼力が低下したり噛む回数が減少したりするため、誤嚥につながりやすくなります。そのため、子どもが眠くなっているときは食事を中止にして、睡眠を優先しましょう。
☐	正しく座って食事をとっているか	子どもの姿勢だけではなく、机と椅子の高さは適切か？しっかり安定しているか？　という環境にも留意しましょう。

食事中の留意事項をチェックリストとしてまとめておきましょう。ここでは、特に重要な留意事項を5つ示しました。

室内編

食物アレルギー

(認可保育所) 鶏卵アレルギーのある2歳女児に、鶏卵を含むバームクーヘンを出してしまい、女児にアレルギー反応が認められた。

 事故にあった子どもは、鶏卵アレルギーとピーナッツアレルギーをもっており、事故当日の健康状態は良好であった。

事故の詳細

14:20頃	調理員は手作り小魚を作りクラスごとに分けた。
14:40頃	調理員はバームクーヘンをクラスごとに分けた（鶏卵を含むものだったため、アレルギー児には代替品に名前を記載して準備した。このとき、代替品を作業台の下に置いてしまった）。子どもたちにお茶を分けるまで時間が空いてしまうため、その場を離れ他の業務を行った。ここまではすべて1人で行った。
15:20頃	別の調理員が自分の業務を終え、子どもたちに出すお茶を分けて出した。
15:40頃	給食室を離れ、調理員2人は他の業務を行った。
16:00頃	担任が提供したバームクーヘンを食べた本児に発疹が見られた（看護師により確認）。その間担任が給食室へ今日のおやつは除去食があるのか確認があり、調理員が代替品を出し忘れていたことに気付く。
16:05頃	他のクラスにも除去食の対象者がいたため、確認する（食べていなかった）。
16:10頃	主任より保護者へ連絡する。
16:15頃	主任よりかかりつけ医へ連絡。公立病院へ向かい診察を受ける。
17:50頃	本児、保護者帰宅。

18:40頃	主任より園長へ報告。
20:00頃	園長より本児保護者へ連絡。

☆ ここに注目　調理員と保育者との連携体制を意識して事例を見てみましょう。

▶ 事故原因の分析

食物アレルギーに関するミスは子どもの死亡事故に直結しやすいため、なぜこのようなミスが起こったのかを丁寧に分析する必要があります。この事例では少なくも2つの分析が必要です。1つは、なぜアレルギー児用の食事を作業台の下に置いたのかです。もう1つは、各調理員と保育者の役割分担・連携体制が明確になっていたか、適切に機能していたかです。

▶ 再発予防策

アレルギー児用の食事の提供ミスが発生した際は、フロー分析がおススメです。フロー分析は、縦に調理員や保育者のような食事提供に関わる関係者、横に「知る」「作る」「渡す」「提供する」のような子どもに食事を提供するまでの関係者の行動を並べ、関係者それぞれの役割やすべきことが明確になっているか、関係者同士の行動がつながっているか（どこかに落とし穴がないか）を点検していく分析です。ミスを起こした人を責めるのではなく、フロー分析を徹底することで、二度と同じミスが発生しなくなります。

なお、食事提供のフローではダブルチェックする箇所を入れることが大事と言われます。その通りではあるのですが、複数で確認するということは1人で確認する場合と比べて責任感や緊張感が希薄になることもあります。ですから、ダブルチェックをするから安心と考えるのではなく、ダブルチェック以外の様々なチェック方法・箇所を組み合わせることが大事です。ダブルチェックは万能ではないことに留意してください。

食物アレルギー事故予防の原則

✦ 食物アレルギーとは？5大アレルゲンとは？

　「保育所におけるアレルギー対応ガイドライン（2019年改訂版）」では、食物アレルギーは、「特定の食物を摂取した後にアレルギー反応を介して皮膚・呼吸器・消化器あるいは全身性に生じる症状のこと」と定義されています。

　「特定の食物」の多くは5大アレルゲン（鶏卵、牛乳、大豆、小麦、米）です。小児期の最も多い食物アレルギーは鶏卵と牛乳です。

　「全身に生じる症状」として、じん麻疹・湿疹・下痢・咳・喘鳴（呼吸音がゼーゼーする）などの症状があります。こうした症状が複数同時にかつ急激に発生した状態をアナフィラキシーといいます。その中でも、血圧が低下し、意識レベルの低下や脱力が発生するような状態を特にアナフィラキシーショックといいます。アナフィラキシーショックは直ちに対応しないと生命にかかわる重篤な状態です。

✦ 食物アレルギー対策の3ステップ！

　食物アレルギー対策の第1ステップは、幼稚園では学校生活管理指導表、保育所ではアレルギー疾患生活管理指導表を保護者に配付・提出してもらうことです。医師の診断・記入に基づいた生活管理指導表を活用することが大事です。アレルギー情報を保護者から口頭で聞き取り、保育者がメモ帳に記入するだけの園がありました。必要な項目が含まれていない園独自の様式を作成し、入園時に保護者に配布・記入してもらう園もありました。これでは見落としや勘違いが発生しやすくなり、アレルギー情報を正確に把握することができません。アレルギー疾患をもつ子どもの情報は生活管理指導表を活用して正確に把握しましょう。

　第2ステップは、生活管理指導表にもとづいて保護者と園での対応を協議したり、職員間での共通理解をはかったりすることです。食物アレルギー対策は完全除去が基本です。完全除去を基本としながら、保護者の意向を確認しながら園の対応を決めましょう。

　第3ステップは、子どものアレルギーの状態に応じて対応を定期的に見直すことです。その際は、口頭でやりとりするのではなく、生活管理指導表の再提出や除去解除申請書の提出を保護者に求めましょう。

☐ 食物アレルギー対応の見直しのポイント

☐	材料等の置き場所、調理する場所が紛らわしくないようにする。
☐	食物アレルギーの子どもの食事を調理する担当者を明確にする。
☐	材料を入れる容器、食物アレルギーの子どもに食事を提供する食器、トレイの色や形を明確に変える。
☐	除去食、代替食は普通食と形や見た目が明らかに違うものにする。
☐	食事内容を記載した配膳カードを作成し、食物アレルギーの子どもの調理、配膳、食事の提供までの間に2重、3重のチェック体制をとる。

事故防止ガイドラインには、食事中に起こりがちな人的エラーを踏まえた対策が上記のように示されています。食物アレルギー対策マニュアルや食事提供時の環境をこうした視点から見直してみましょう。

エピペン使用の際に留意することは？

　アレルギー疾患をもつ子どもにアナフィラキシーショックのような重篤な症状が見られた場合は、医療機関に救急搬送します。その際、保育者がエピペンを使用することがあります。ここでは、エピペンの使用に関して留意することを3つ説明します。

　第1に、エピペンの効果は20分程度なので、**投与後にすぐに医療機関に搬送する必要があります**。エピペンを使用して子どもの様子が落ち着くと安心してしまい、「このまま安静にしておこう」「保護者に連絡して迎えに来てもらおう」と考えがちですが、それでは子どもの命は守れません。エピペンの使用と119番通報をセットで行う必要があります。

　第2に、アナフィラキシーショックの状態にある乳幼児には、**30分以内にエピペンを投与する必要があります**。アナフィラキシーショックとは何かをきちんと理解しておき、そうした症状が見られたら迷わずにエピペンを投与することです。そのために、エピペンの使い方を身につけておくことも大事です。

　第3に、保育者がエピペンを使用しても**医師法違反にはなりません**。医師法第17条では医師以外の医業が禁止されていますが、保育者によるエピペン投与は緊急でやむを得ない措置として認められています。安心して投与してください。

室内編

食事中の誤嚥

（幼稚園型認定こども園）　4歳男児。給食中に食物を誤嚥して意識不明となり、その後死亡した。

 事故にあった子どもは3歳児クラスに在籍。園児25名に対し幼稚園教諭2名の体制であった。

事故の詳細	13:00頃	給食開始。午前中に絵画の制作を行っていた関係で、いつもより開始時間が遅れたが、当該施設の降園時間は15時のため、時間的な余裕はあった。担任が園児にぶどうは皮を剥いて食べるよう呼びかけた。
	13:30頃	事故発生。当該園児が席から立ち上がる。鼻水が出ており、担任が異変に気が付く。担任は当該園児のぶどうがなくなっていることに気が付き、窒息を疑い背中をたたくなど異物除去を試みる。救命技能を有する職員と副園長が呼ばれ、救命技能を有する職員により背部叩打法と腹部突き上げ法が行われたが異物は出なかった。副園長が119番通報を行う。
	13:35頃	当該園児の意識が失われたため、副園長が救急隊からの指示でAEDを装着。電気ショック不要との判定のため心臓マッサージを実施。その後、再度AEDを作動させたが、電気ショック不要との判定で、救急隊の指示もあり心臓マッサージを継続。
	13：40	救急隊が到着し、心臓マッサージを実施。
	14：29	搬送先病院に到着。診療明細書等によると、救命のための気管内挿管、画像診断、非開胸的心マッサージ、人工呼吸、胃接続ドレナージ等の救命措置が行われた。
	15：10	当該園児死亡。

誤嚥事故死として、後日、行政解剖が行われ、直接の死因は食物誤嚥による窒息（推定）とされた。死亡届関係書類には、発症から死亡まで短時間であったこと、救急処置時に3cm大のぶどう一粒を気道より除去との記載があったとのこと。

 食事中の事故予防の原則を踏まえ、どんな対策をすべきだったのか考えてみましょう。

事故原因の分析

　死亡事故の原因は3 cm大のぶどう一粒による窒息と推定されています。第2章3で解説したように事故防止ガイドラインでは球形の食べ物の直径が4.5 cm以下の場合は誤嚥や窒息のリスクが高まると指摘されており、今回のぶどうは3 cmですから誤嚥のリスクがあると言えます。また、事故防止ガイドラインでは、たとえ大きさが1 cm程度のものでも子どもの臼歯の発達状態や食事の取り方によってはリスクがあることもまた指摘されています。子どもにとってぶどうはしっかり噛むことが難しく、うっかり丸ごと飲み込んでしまうこともあり、今回の事故が起こったと推定されます。

再発予防策

　ぶどうのようなうっかり飲み込んでしまいがちな食べ物は、しっかりすりつぶすことで危険を回避できます。このように、どの食材が、なぜ危険か、どうすれば危険を取り除くことができるかを考えるようにしましょう。ぶどうは危険だから一切禁止にするというような「極端に走る」ことばかりすると何も食べるものがなくなります。様々な食材を様々なかたちで食べることは、子どもにとって大事な経験になります。安全で、楽しい、多様な食事の経験を提供する方法を考えましょう。

誤嚥事故の予防の原則

　食事中の事故防止についての説明のなかでよく使われる言葉があります。事故防止ガイドラインから5つの言葉とその定義を取り上げ、以下に示します。

> 誤嚥：食べ物が食道へ送り込まれず誤って気管から肺に入ること
>
> 誤飲：食物以外の物を誤って口から摂取すること
>
> 気管：鼻と口から吸った空気の通り道のこと
>
> 食道：食べ物・飲み物の通り道のこと
>
> 嚥下：食べ物を口から胃へ送るための一連の運動のこと

◆ 誤嚥や窒息を防止するためには？

　誤嚥や窒息につながりやすい食品を知ることが、その対策を考えるうえで大事です。もちろん、どの食品であっても誤嚥や窒息する可能性はありますが、**特に危険性が高い食品は以下です**（第2章3で紹介したものを再掲）。

> ① 弾力があるもの：こんにゃく、きのこ、練り製品など
>
> ② なめらかなもの：熟れた柿やメロン、豆類など
>
> ③ 球形のもの：プチトマト、乾いた豆類など
>
> ④ 粘着性が高いもの：餅、白玉団子、ごはんなど
>
> ⑤ 固いもの：かたまり肉、えび、いかなど
>
> ⑥ 唾液を吸うもの：パン、ゆで卵、さつま芋など
>
> ⑦ 口の中でばらばらになりやすいもの：ブロッコリー、ひき肉など

　なお、食品の大きさは、球形の場合は直径4.5cm以下、球形でない場合は直径3.8cm以下だと危険性が高まるといわれています。とはいえ、たとえ1cm程度のものであったとしても、子どもの臼歯の発達状態や食事の取り方によっては食品を十分にすりつぶすことができないため危険性が高まります。食事の提供方法や介助方法を工夫する必要があります。

☐ 窒息時の対応方法

背部叩打法

腹部突き上げ法

子どもの意識がある場合は、肩甲骨と肩甲骨の間を手のひらの下部で叩く背部叩打法で対応します。腹部突き上げ法とは異なり1歳未満児にも使える方法です。このとき、窒息の原因となっているものを指で取ろうとしてはいけません。指を入れることで、かえって異物を押し込むことになってしまうからです。なお、おもちゃの一部や薬品、画鋲やボタン電池などを誤飲した場合は、吐かせてよいものとそうではないものがあります。窒息時とは対応が異なるので、留意する必要があります。

保護者の手作りお弁当は、愛情もリスクもいっぱい？！

　「子どものことを一番わかっている保護者が作ったお弁当だから安心！」、そう思っていませんか？　実は、保護者の手作りお弁当は、子どもへの愛情いっぱい！　危険もいっぱい！　なのです。たとえば、アレルギー疾患のない兄のお弁当をアレルギー疾患のある弟のお弁当として渡してしまったという事例、ミニトマトやリンゴが適切な大きさにカットされていなかった事例、タコさんウインナーに爪楊枝が刺さっていた事例、おやつにカットパンを渡していた事例など、保護者のお弁当は意外と危険が含まれているのです。

　保護者が作ったお弁当を子どもが食べる際は、子どもが食べ始める前に中身を確認するようにしましょう。保育者が中身を確認することで、保護者の見落としや勘違いに気がつき、子どもの命を守ることができます。

case
06

室内編

歯磨き

(子どもの自宅) 4歳男児。夕食後に歯磨きをしていたところ転倒し、上咽頭部に刺傷を認めた。

 普段から歯磨きは踏み台を使用して洗面所で行っている。

事故発生直前 夕食後、洗面所で歯磨きを開始した。そのとき母が居間に移動したため、本児も母の後について居間に移動した。

事故発生時の状況 1人かけソファの袖の部分（50cmの高さ）に立って歯ブラシをくわえていた。泣き声で母が振り向くと、歯ブラシを口にくわえたまま、フローリングの床にうつ伏せに転倒していた。仰向けにしたところ、歯ブラシの柄の部分が口から見えており、本児は唸っていた。あわてて突き刺さっている歯ブラシの柄の部分をつかんで2〜3回ひっぱった。その時、ひねってはいないが引っかかる感じがあった。歯ブラシの先端（約3cm）がなく、口の中には何も残っていなかった。

事故発生直後 救急車を呼んでいいのかわからず、＃7119（救急安心センター事業）に連絡したところ"救急車の要請"を指示され、病院に搬送となった。歯ブラシは、1か月以上使用した物で、長くても2〜3か月間の使用であり、子ども用の歯ブラシであった。

病状 上咽頭異物のため、膿瘍形成が認められた。

事故原因の分析

　歯ブラシを口に入れたままソファから転落したことが事故の原因です。歯ブラシと関係する本件のような事故以外にも、ソファから転落してねんざしたり頭部を打撲したりすることがあります。居宅訪問型保育者は保護者の居宅で保育をするため、子どもの近くにソファがあることもあります。**ソファは事故原因になりやすい**ことを理解しておく必要があります。

再発予防策

　歯ブラシをする際は**床に座ってする**ように子どもにしっかり伝えます。保育者が子どもに歯ブラシをする場合は、子どもを**仰向けに寝かせてする**ようにしましょう。そうすることで、歯ブラシをする際に子どもの体が安定し、歯ブラシによる事故を回避することができます。

　また、**歯ブラシする際の約束事・ルール**を子どもにしっかり伝えましょう。保育者だけではなく、子ども自身も安全を守る意識をもつことで、確実な事故防止につながります。

　なお、居宅訪問型保育者は**保育をする自宅の住所や自宅付近の目印になるような建物や看板**を記憶しておきましょう。保育中に事故が発生し119番コールをすることになった場合、こうした情報をいち早く救急隊員に伝えることが子どもの命を守ることになるからです。

歯磨き中の事故防止の原則

◆ 歯ブラシによる喉つき事故の原因は？

　歯磨き中に起こる事故の多くは、歯ブラシで喉をついてしまう事故です。東京都の調査によると、歯磨き中の事故や怪我の9割弱が0歳児から3歳児で発生しているとのことです。

　歯ブラシによる喉つき事故の原因は適切な磨き方をしていないことです。歩きながら歯磨きをしたり、遊びながら（ふざけながら）歯磨きをしたり、不安定な椅子やソファに座って歯磨きをしたり。こうした磨き方をすると、事故・怪我が発生する可能性が高まります。また、歯ブラシが怖かったり苦手だったりすることで、嫌がる子どもに無理やり歯磨きをしようすると、思わぬ事故が発生することがあります。

◆ 歯ブラシによる事故を防止するためには

　次の3つに留意すると、歯磨き中の事故防止につながります。

　第1に、歯磨きをする際は、保育者が子どもを見守り、子どもは床に座って歯磨きをすることです。保育者が見守るだけではなく、子どもが床に座って歯磨きをすることが大事です。安定した椅子ならよいのではと思うかもしれませんが、椅子から転倒することで歯ブラシが喉にささるリスクが残ります。ですから、床に座って歯磨きをする方がよいでしょう。もちろん、子どもが座る場所の近くには、子どもが転倒しやすいものや遊びたくなるものは置かないようにします。

　第2に、子ども用の歯ブラシを使うことです。特に、歯ブラシによる事故の危険性が高い3歳までは子ども用の歯ブラシを使用するとよいでしょう。歯磨き中に万が一転倒したとしても、被害を最小限にすることができます。

　第3に、歯磨きの時間を見直すことです。歯磨きの時間を十分に確保できないと、保育者も子どもも慌ててしまって事故が起こりやすくなります。歯磨きの話に限ったことではないのですが、効果的な事故防止のためには部分だけを見るのではなく、全体や前後関係（前後の活動のつながり）を見る必要があります。全体の仕組みを最適化していくともいえます。日々の保育の流れを全体的に捉えて、歯磨きの時間を見直すのです。

☐ 子ども用の歯ブラシ

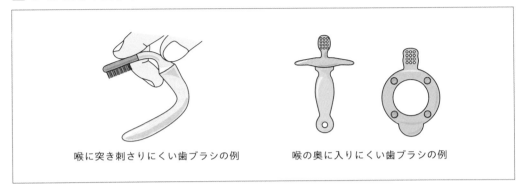

喉に突き刺さりにくい歯ブラシの例　　　喉の奥に入りにくい歯ブラシの例

出典：東京都報道発表資料「乳幼児の歯みがき中の喉突き事故に注意！注意喚起リーフレットを作成しました」（2017年3月23日）をもとに作成

子どもに対する「歯磨き教育」を大事にする！

　歯磨き中の事故防止のために保育者が対策を講じることは大事です。ですが、子ども自身が歯磨き中の事故の危険性を理解して、危険を回避する行動を身につけることも大事です。そのため、歯磨きの大切さや歯磨きの仕方に関する絵本や紙芝居を読む（演じる）のもよいでしょう。あるいは、年長クラスが歯磨きしている様子を観察する機会を作るのもよいでしょう。保育者のこうした教育を通して、歯磨きの大切さややり方を学び、自分からやってみよう、事故が起こらないように歯磨きをしようと思うようになっていきます。

保護者にも注意喚起する！

　歯磨き中の事故の危険性に関して保護者に注意喚起することも大事です。園での取り組みや事故の事例を保護者に伝えることで、自宅での事故防止につなげるのです。特に、仕上げ用歯ブラシを使って保護者が歯磨きの仕上げをする際は、仕上げ用歯ブラシは子どもには持たせないことや、子どもの手の届かない場所に保管しておくことをしっかり伝えましょう。園と保護者が協力しあうことで子どもが適切な歯磨きの仕方を理解し歯磨きを好きになっていくことが、何より事故防止につながります。

case

07

室内編

子どものけんか

認可保育所　6歳男児。園庭で遊んでいたところ他児とけんかをして足を叩かれ、小指を骨折した。

 事故にあった子どもは、他児とのトラブルがたえないため、職員間で連携をしてできるだけ目配りをしていた。なお、事故発生時には子ども118名に対し、保育士等の職員15名という体制をとっていた。

事故の詳細		
	13:35	年中児Aと泥団子を巡り喧嘩になった。本児はAに団子を壊されたと思いこみ取っ組み合いになりかけた。保育士が仲裁に入り勘違いであったと納得した。
	13:40	その後、Aが地面に絵を描いている所へ本児が寄って行き「泣き虫、バカ」と言ったため、Aが本児の左足小指あたりをポケットに持っていた石で叩いた（現場を見ていた保育士はいなかった）。
	13:50	本児は担任とともに鬼ごっこに参加し、途中で担任に左足の痛みを訴えた。担任が患部を確認したが腫れ、赤みはなかった。「靴が小さい」と本児は言っていた。その後室内で上靴をはいていつも通り過ごした。
	18:00	延長保育時間帯も痛みを訴えることはなかった。保育室から保育室へ移動する際、走っていた。
	18:20	母親の迎え時、外靴を履くと左足が痛かったため母親に伝えたが、園庭を歩いて横切り車に乗った。帰宅後母親が患部を確認すると腫れが見られた。病院の救急外来受診。レントゲン撮影の結果、足の骨にヒビが入っているか、ずれがあるため翌日専門医を受診するよう言われた。湿布薬処方。
	翌日	専門医の整形外科受診。左足小指骨折と診断される。

 倉庫の裏に石があり、入れないようタイヤ、三角コーンでガードをしていたが、子どもが入れる隙間があった。また、倉庫の裏は死角部分であり、子どもたちと入らない約束をしていた。

 けんかの仲裁では、本人たちが本当に納得しているかどうかも大切なポイントです。

事故原因の分析

　この事故による怪我（骨折）の直接的な原因は、年中児Aに石で殴打されたことです。ですが、**根本的な原因は本児の人間関係のあり方**です。他児とのトラブルが絶えない原因こそ、真因（本当に解決すべき根本的な原因）です。そのため、園庭や園内にある石を撤去したり、石が多くある場所を立ち入り禁止にしたりするだけでは再発防止にならないでしょう。なぜ本児が適切な人間関係を築くことに苦労しているかを、子どもだけではなく家庭・保護者という要因も念頭に置いて分析する必要があります。

再発予防策

　安全管理や事故防止の観点から子ども同士のいざこざを考える際は、**子どもの「5つのない」をイメージして対策を考えておく**とよいでしょう。「5つのない」とは、①やめたくない・終わりたくない、②やりたくない・つまらない、③できない・わからない、④言うことを聞かない・我慢できない、⑤あぶない、という事故や怪我を起こしやすい子どもの5つの姿です。この事例では、自分の気持ちを適切に表出・表現できないためにAとの間にいざこざが発生していることから、③できない・わからないの例と考えることができます。

　保育をする際は、事が順調に進むことばかり考えるのではなく、**事故や怪我につながりやすい子どもの5つの姿もイメージし**、事前に対策を講じておくと、事故や怪我の防止につながります。

子ども同士のけんか事故防止の原則

✦ けんかの原因は様々にある

　けんかが原因で事故や怪我が発生することがあります。かみつかれた、叩かれた、突き飛ばされて転倒したというのはよくあることです。

　けんかが発生する理由は様々です。物や場所の取り合い、遊びのイメージの不一致、ルール違反、さらに子どもの心理状態の不安定さが原因のこともあります。このように、けんかの原因は様々にあり、原因の特定が難しいこともあります。

✦ けんかに適切に対応して、事故・怪我を防止する

　大事なことは、**保育者がけんかに対して適切に対応する**ことです。子どもを叱責したり非難したり、子どもの話を聞かないまま状況を判断したり解決策を決めたりしないことです。なぜなら、けんかは子どもにとって学びにもなるからです。保育者がどのようにけんかに関わるかによって、けんかがただのいざこざや衝突で終わってしまうのか、大きな学びになるのかが変わってくるのです。

　では、どのように対応すればよいのでしょうか。ポイントは、なぜけんかが起こったのか、なぜかみついたり叩いたりしてはいけないのか、次からどうしたらよいのかなどを、**子ども自身が理解し納得できるようにする**ことです。そのために、子どもの気持ちの代弁であったり、子どもの話を聞きながら状況を整理することだったり、保育者は「交通整理」をしていきます。子どもが自分たちでけんかを解決できるように、そしてけんかから学びを得ることができるようにしていきます。

　「保育者が交通整理をする」ことが大事です。無理やり謝罪させたり仲直りさせたりしても、子どもはけんかから学ぶことができません。保育者による交通整理の過程で、他者をかみついたり叩いたりしてはいけないことを子どもが理解し納得することで、そうした行動が次第になくなっていき、事故・怪我防止につながっていきます。「ごめんなさい」を強引に言わせるような対応方法では、子どもはけんかから何も学ぶことができず、事故・怪我の防止にもならないのです。

「けんかからの学び」を保護者に伝える

　「けんか＝悪いこと」「けんかをすぐに止めない＝保育者に問題がある」と考える保護者もいます。確かに、けんかをすれば叩かれたりかみつかれたりすることで子どもが怪我をすることもあるでしょうから、保護者がけんかを好ましくないと考える気持ちも理解できます。

　ですが、だからこそけんかが原因で子どもが怪我をした際は、**保護者に謝罪をするだけではなく、けんかから子どもが何を学んだのか、どう成長したのかもしっかり伝えること**が大事です。けんかのなかで他者を叩いて泣かせてしまった経験や他者から叩かれて痛い思いをした経験を通して、暴力的な行為はいけないこと、相手の話をきちんと聞くこと、言葉で気持ちを伝えること、気持ちの折り合いをつけることを学んでいきます。

　けんかをしたからこそ学んだことや大きな事故や怪我にはならないようにしていることを積極的に保護者に伝えるようにしましょう。そうすることで、けんかに対する保護者の考え方も次第に変わってきます。

case

08

室内編

廊下での衝突

認可保育所 　4歳男児。トイレに行く途中に他児と接触し、口腔内にけがを
負った。

 事故にあった子どもは、いつもより活発な様子であり、事故直前にも廊下を走っていた。当日は子ども27名に対して、保育士等2名で保育を行っていた。

事故発生前	事故直前も廊下を走っており気持ちを落ち着かせる必要があった。そこで、絵カードを使って廊下を走らないことを伝えて、気持ちを落ち着かせた。
事故発生時	本園児がトイレに行く際に勢いよく走り、曲がり角にいた園児と衝突した。
事故発生直後の対応	上右中切歯から出血していたため、口をゆすぐなど対応し、すぐに保護者に連絡する。
その後の状況	同日、保護者により歯科医院を受診し、通院が必要であることを確認。その後2回の受診で受診終了。
病状	外傷性亜脱臼。

 ここに注目　走り回る子どもに意識が行きがちですが、環境等が適切であったかどうかにも意識を向けてみましょう。

▶ 事故原因の分析

この事例では、廊下を走ってはいけないというルールを子どもが守ること、子どもを落ち着かせてからトイレに行くように保育者が促すこと、仮に子どもが走っても衝突を回避する仕組みを作っておくことの3つが徹底されていなかったことから事故が発生しました。

子ども同士が衝突するというのは、子どもが一斉に動くから発生します。そのため、**なぜ子どもが一斉に動くようになっているのか**を、自分が担当するクラスだけではなく、園全体の保育の流れや他のクラスの子どもの動きから分析してみるとよいでしょう。

▶ 再発予防策

この事例でも、先述した**フロー分析が使えます**。縦に各クラスの名称を入れて、横に自由遊びやトイレ等の子どもが行う活動を書きます。こうすることで、いつ、どのクラスの子どもがどこで同時に動くのかがはっきりわかります。**「はっきり」がポイント**です。保育者の多くは他のクラスの事情をわかったようでわかっていないことがあります。フロー分析を使うことで、いつ、どこで、なぜ様々なクラスの子どもが一斉に動くことになるのかという原因がはっきりわかり、事故防止の解決策につなげることができます。

また、**仮に問題が発生しても被害を最小限にするような仕組み**を用意しておくことも大事です。保育者は日々多忙ですから、あれにもこれにも目配りしましょうというのは現実的ではありません。子どもが廊下を走ったとしても、多くの子どもが同時に動かないようなタイムスケジュールや走っている子どもが減速せざるを得ないような廊下の環境構成を用意しておくのです。

2

実例で学ぶ　重大事故の原因と防ぎ方

廊下での衝突事故予防の原則

✦ ルール・仕組み、環境、教育の３つの視点が大事！

　廊下の曲がり角は死角になりやすく、子ども同士が衝突する危険があります。特に、廊下を走っている状態で子ども同士が衝突すると、大きな事故・怪我につながります。

　では、どのような対策を講じればよいのでしょうか。対策を考える際は、**ルール・仕組み、環境、教育の３つの視点から考える**とよいでしょう。

　まず、ルール・仕組みです。子ども同士が衝突しないようなルール・仕組みを用意するのです。子ども同士が衝突するのは、たとえば昼食前に手洗い場に向かうというように、同じ時間に同じ行動をする子どもがたくさんいるからです。このような場合、一クラスずつ移動するルール・仕組みを作っておくことで、手洗い場に多くの子どもが集まることがなくなり、衝突のリスクを減らすことができます。

　次に、環境です。子どもが衝突しないような環境構成をするのです。廊下の曲がり角に差しかかる前の床や壁に一旦停止や優先順位の標識を貼付したり、反対側から移動して来る子どもを確認できるようにミラーを設置したりします（この場合はミラーを確認することを子どもに教えておきます）。あるいは、曲がり角に植木鉢をおけば曲がり角での衝突を防止することができます。

　最後に、教育です。衝突の危険性とその回避方法を子どもに教えておくのです。本書の随所で説明しているように、保育者が対策を講じるだけでは十分ではなく、子ども自身も危険を察知して回避する行動を身につけることで、確実な事故防止につながります。「あの廊下は危ないよ！」「走ってはいけないよ！」と言うだけではなく、なぜ危ないのか、どうやって危険を回避すればよいかを子どもに伝える、など子どもが理解し納得することが大事です。

　このように、廊下の曲がり角での衝突防止策を考える際は、ルール・仕組み、環境、教育の３つの視点から考えるとよいでしょう。ここでは廊下の曲がり角での衝突を取り上げて説明しましたが、３つの視点から事故防止策を考えることは他の場面・状況での事故防止策を考える際も大いに役立ちます。

☐ 廊下の環境構成

手洗い場

子どもに安全を意識してもらう環境

・床や壁に一旦停止や優先順位の標識を貼付する

・ミラーを設置して反対から来る子どもを確認できる
　ようにする

・子どもが走れないように曲がり角に植木鉢を置く　など

↕ 子ども1人分のスペース

廊下に十分なスペースがあるか、環境構成上、工夫できることがないか検討してみましょう。

対策に効果がないかもと感じたときは？

　廊下の曲がり角での子ども同士の衝突を防止するために様々な対策を講じたとしましょう。それでも衝突する事故が起こってしまい、対策に効果がないと感じることもあるでしょう。

　そのようなときは、「他によい方法はないか」「では次はこうしてみよう」と次の対策をいきなり考えるのではなく、**なぜいまの対策がうまくいかないのか原因を考える**ようにしましょう。新しい対策を考える前に、いまの対策がうまくいかない原因分析を丁寧に行うということです。なぜなら、**原因をきちんと把握し、その原因に対する対策を講じない限り問題は解決しない（同じ問題が何度も起こる）**からです。

　問題が発生すると、すぐに対策を考えたくなる気持ちはわかります。ですが、発生した問題に対する表面的な対策を講じても徒労に終わることが多いです。たとえていえば、お腹が痛いという問題に胃薬を飲んでおこうという対策を講じても、お腹の痛みの原因が腸の病気であったのなら胃薬を飲むという対策は何の役にも立ちません。なぜお腹が痛いのか原因を分析・把握してはじめて効果的な対策を講じることができるのです。

case
09

室外編

登園・降園

認可保育所 5歳男児。登園時に他児の保護者の車と接触し、頭部を20針縫うけがをした。

 事故発生時は職員の通勤時間帯ではあったが、事故発生時、まだ職員も少なく、出勤していた職員はそれぞれの職務にあたっていて駐車場の様子を把握できる状況にはなかった。

事故の詳細

8:00	父親と登園時、車から降りて隣の車の前でかがんで虫をみていた。
8:05	隣の保護者の車が気づかず発車し下敷きとなり痛い痛いと泣き出し、車の下から救出すると頭部から出血、背中、尻にも擦り傷があり救急車に連絡。
8:20	救急車が到着し9:00に総合病院へ搬送。
11:10	保育教諭2名が病院へ向かう。
14:50頃	総合病院にてレントゲン・ＣＴ・血液検査をする。内臓に異常なし。血液検査の結果、肝臓の数値が出血のためか高い。ＣＴの結果、頭部異常なし、頭部20針・耳の後ろも縫合し、点滴で一泊入院する。夕方のテレビニュースとなる。

その後の状況 退院後、しばらく療養した後に登園予定。

ここに注目 事故には直接、保育者は関わっていませんが、園として何ができたのかを考えてみましょう。

事故原因の分析

　この事例は登降園時の駐車場で起こりやすい事故です。**かがんだ子どもは車の運転手からは見えない**ため、こうした事故が起こりやすいです。この事故の原因は、駐車場では「子どもの手をつなぐ」「子どもから離れない」がきちんと守れていなかったことです。

再発予防策

　駐車場で起こる事故への対応策は効果的かどうかという観点だけではなく、**継続可能な対応策を考えること**が大事です。特に、駐車場の警備や誘導を保育者に担当させるという対応策には慎重でなければなりません。なぜなら、保育者に駐車場の警備や誘導をさせるというのではあまりに保育者の負担が大きくなり、仮にこの問題が解決しても、いやいや担当することから注意力散漫になったり、保育者の離職につながったりするなど、別の問題が起こるからです。そのため、駐車場での行動の仕方を保護者や子どもへしっかり伝えたり警備員や誘導係を採用したりするような保育者以外の力を使う方法や、子どもの動線と車の動線を分ける環境や仕組みを考えるようにしましょう。

　なお、こうした事故は保護者や職員の車が駐車してある駐車場だけではなく、園内に駐車してある**園バスの駐車場**でも起こりますので注意してください。

登降園時の事故防止の原則

◆ 登降園時は特に３つの点に留意する！

　登園・降園時の際は、次の３つの場面で事故・怪我が起こりやすいです。

　第１に、**駐車場・駐輪場と園舎への移動の場面**です。駐車場や駐輪場では車や自転車の動線が子どもの動線と重なる（交差する）ことがあります。特に、車の運転席からは子どもが見えにくいこともあり、車と子どもの動線が重なっていると事故が発生しやすくなります。

　第２に、**登園後や降園の準備後に遊びを始める場面**です。遊びに適した恰好ではない状態で遊びを始めると事故が起こりやすくなります。たとえば、ショルダーバッグをかけたまま遊んだり走ったりすると、ひもが首にからまって窒息の危険が高まります。登園後に友達の姿を見つけると嬉しくなってそのまま遊び始めることがありますので、注意が必要です。

　第３に、**子どもの送迎時に保育者が保護者と話をしている場面**です。保護者との話に夢中になってしまい、保育者も保護者もいつの間にか子どもがいなくなったことに気がつかないことがあります。これは、駐車場・駐輪場でも同じことが言えます。保護者同士が話に夢中になってしまい、子どもがいなくなったことに気がつかないのです。駐車場・駐輪場では車の下に子どもが潜り込んでしまう可能性もあり、とても危険です。

◆ それぞれにきちんと対策を講じること！

　以上の３つは登園・降園時に起こりがちですから、対策を講じる必要があります。

　駐車場・駐輪場と園舎への移動の場面では、**車・自転車の動線と子どもの動線を分離したり、子どもの手をつないで移動したり**するようにしましょう。登園後や降園の準備後に遊びを始める場面では、**遊びに適した恰好になっているか確認しましょう**。特に、ショルダーバッグはきちんと片付けているかを確認しましょう。子どもの送迎時に保育者が保護者と話をしている場面では、**長時間話をするのを回避したり子どもの手をつないだまま話をしたり**するようにしましょう。

　登園・降園時は思わぬ事故が起きます。以上の３つについて自分の園ではどうなっているかを確認して、必要な対策を講じるようにしましょう。

🔲 駐車場の環境整備と車の死角

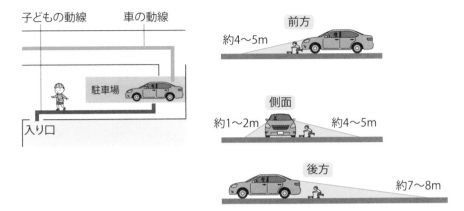

子どもの動線　車の動線

駐車場

入り口

前方　約4〜5m

側面　約1〜2m　約4〜5m

後方　約7〜8m

車の死角（右図）は、思ったよりも広いものです。理想的には、車の動線と子どもの動線ができるだけ交わらないように見直すことも重要です（左図）。

保護者にも徹底してもらうこと

　車で子どもを送迎する保護者には、**送迎する子どもとは別の子どもを車内に残さないこと**をしっかり伝えておきましょう。車のエンジンをかけたまま車から離れると、ブレーキやアクセルなどを子どもが触ったり、他者が車に乗り込んでしまう犯罪行為が起こったりすることもあります。また、炎天下の中エンジンを切ったまま子どもを車内に残すと熱中症になる危険があります。車で子どもを送迎する際はエンジンを切り、子どもを車内に残さないことを徹底するように保護者に協力を求めましょう。

不審者の確認を！

　送迎の時間帯は多くの大人が園に出入りします。そのため、**不審者が園に侵入しやすい時間帯**でもあります。送迎の時間帯は、見たことがない大人がいないか、違和感のある動きをしている大人はいないかと、職員全員で不審者の侵入がないかに目を光らせるようにしましょう。

プール遊び

認可保育所　3歳女児。プール活動中に意識を失っている状態で発見され、その後死亡した。

 事故にあった子どもは、体温 37℃。少し咳が見られたが、朝食を摂って登園した。保育中に気になる様子はなかった。

事故の詳細

15:20	本児、プールへ移動。
15:25	本児を含む3歳児6名がプールに入る。このとき、合計20人（5歳児：9人、4歳児：5人、3歳児：6人）の園児がプールに入っていた。
15:30	プール配置の保育士が1人から2人となった。
15:35	2人の保育士がやぐらの上に乗せてあった滑り台の片づけを開始（以後、監視に専念する者なし）。
15:36	2人の保育士がやぐらの反対側へ園児を退避させた後、やぐらの上の滑り台をプールの中へ一旦下した。 ※プール内の園児や全体を見回し異常がないことを確認
15:37	プールの中の滑り台を外に出すため、2人の保育士が立ち位置を変えた。
15:38 以降	2人の保育士で滑り台をプールの外に置き、1人の保育士が園舎に戻る。残った1人の保育士が、園児の「あっ」と驚く声と同時に振り向くと、本児が水に浮いていることに気付く（水深55cm付近）。保育士が救助し、プール出入用の戸板の上に運ぶ。 騒ぎに気付いた0歳児クラス担当の看護師が駆けつける。自発呼吸がなかったため看護師による心臓マッサージ及びAED使用（AEDは、「使用の必要ありません。心臓マッサージと人工呼吸を続けてください」とのアナウンス。搬送先の埼玉県小児医療センターに記録を提出。作動に問題ないことを確認）。

保育士による人工呼吸（マウス・トゥ・マウス）の実施。
119番通報：市消防指令センター入電（15:38）。
おやつに食べた固形物を吐き出したが水の吐き出しはなし。
埼玉県小児医療センターよりドクターカー派遣。
心拍再開、自発呼吸再開、引き続き意識は不明。
全園児プール活動終了。

15:44	消防隊到着。救急車により本児を搬送。ドクターカーと合流し、埼玉県小児医療センターへ本児を搬送。
15:46	市主催研修に出席していた園長へ、A園より研修会場を通じて一報。
15:51	市消防指令センターより、市危機管理監へ通報（市認知）。
17:00頃	園長：埼玉県小児医療センターに到着。
17:30頃	市職員による現場確認、A園職員から状況確認。
翌日	本児死亡。

ここに注目　監視体制は十分であったか確認しましょう。

▶ 事故原因の分析

　監視役が不在になった時間ができたことが、本事故の原因です。数cmの水で子どもは溺死します。プール活動中の子どもから目を離し、片づけを優先したことが死亡事故につながったのです。

▶ 再発予防策

　プール活動中は監視役を置き、子どもの監視を徹底することが大事です。大人がプールに入る際も監視役がいるのですから、子どもの場合は監視役がいらないということがあろうはずありませんよね。

プール事故予防の原則

◆ プール活動・水遊び時の留意事項

事故防止ガイドラインでは、プール活動・水遊び時の留意事項が次のように示されています。

・監視者は監視に専念する。
・監視エリア全域をくまなく監視する。
・動かない子どもや不自然な動きをしている子どもを見つける。
・規則的に目線を動かしながら監視する。
・十分な監視体制の確保ができない場合は、プール活動の中止も選択肢とする。
・時間的余裕をもってプール活動を行う。

◆ 「監視に専念する」の意味とは？

中でも大事なことは、「監視者は監視に専念する」ことです。これは、子どもとは関わらないでプール活動全体を監視するということです。溺れるときは静かに溺れますから、子どもと関わりながら監視すると子どもに目が向いてしまい、溺れている子どもに気がつかなくなります。そのため、子どもに関わらない監視役と子どもにプール指導を行う保育者を分けて配置し、その役割分担を明確にしましょう。

また、子どもにも監視役の保育者が誰かわかるようにしておきましょう。ある園では、監視役の保育者は黄色のビブスを着て、子どもにも監視役はどの保育者かわかるようにしていました。子どもからすると一緒に遊びたいという気持ちがあるでしょうが、「黄色の服を着ている先生は今日は一緒に遊べないけれど、みんなをしっかり見ていてくれるよ」と保育者が子どもに伝えることで、子どもも納得してプール活動に夢中になれます。

こうした監視役が配置できないときは、プール活動中止の判断をすることも大事です。プール活動時には監視役が必要であることは保護者にもあらかじめ伝えておき、監視役が配置できずプール活動が中止になった場合でも、保護者が納得できるようにしておくようにしましょう。

□ 監視のポイント

○良い例 　　　×悪い例

子どもと関わる保育者と関わらない監視役の保育者を分けることが大切です。
監視役はビブスを着るなどのルールを明確化しておきましょう。

マニュアル等の原則

　事故防止ガイドラインには、「事故を未然に防止するため、プール活動に関わる職員に対して、子どものプール活動・水遊びの監視を行う際に見落としがちなリスクや注意すべきポイントについて事前教育を十分に行う」とあります。見落としがちなリスクや確認事項をチェックリストやマニュアルにしておくとよいでしょう。

　コロナウイルス感染症発生以降、3密（密閉・密集・密接）回避のためにプール活動はしないという判断をした園も多くあります。こうした園ではしばらくプール活動をしていないため、確認すべきことを忘れたりすべきことを勘違いしたりしてしまうこともあります。あるいは、プール活動が中止になっている期間に採用されたことで、園でのプール活動の指導を経験したことがない保育者がいることもあります。そのため、プール活動を再開する前に、プール活動時のチェックリストやマニュアルの確認・理解を必ず行いましょう。

case
11

室外編

室内と室外との移動

認可保育所 　4歳女子。保育室前のテラスから園庭へ移動中に転倒し、右上
腕骨を骨折した。

 事故発生時は3〜5歳児が異年齢交流で活動中。園長は職員室で事務、未満児担任、
支援員は午睡見守り中、4、5歳児担任は園庭で遊びの見届け、3歳児担任はカメ
ラを準備し移動中であった。

事故の詳細

13:35 （事故発生時）	保育室前テラスから靴を履きかえて園庭の雲梯を目指して駆け出し、園庭と園庭に続く舗装箇所の境目あたり（段差なし）でつまずき、右肩から落下、転倒した。
13:35 （事故発生直後の様子）	大声で泣き、泣き方が普段とは違うため、雲梯の他児の見届けをしていた保育士がすぐに気づき、次いで移動中であった担任も駆けつけ、様子を確認する。転倒してすぐは腕を上下する、手を握る・開くなどできたが、腕に力が入らぬ様子で、若干の腫れが認められ、痛みが治まらぬ様子であったため、職員は脱臼を疑った。
14:40 （事故後の対応）	電話にて母親に連絡し、2〜3分後に到着された母親に様子を確認していただき、診療所への搬送、受診をお願いした。レントゲン撮影の結果、骨折が疑われ、病院の紹介状をいただき移送の指示を受ける。病院でCT検査により右上腕骨外側顆骨折と診断される。一旦帰宅。

翌日以降 　入院し、手術を受ける。翌月にギプスが外れた。4〜5か月後に再度入院し、ボルトを抜くための手術を受ける予定。

事故原因の分析

　子どもが移動する際には多くのリスクが伴うなかで、保育者が子どもから目を離したことが事故の原因です。大事なことは、**なぜ女児が1人で走り出せる場面や機会ができてしまったのか**を考えることです。保育者がいた位置は適切であったか、各保育者が連携できていたか。さらに、なぜ3歳児クラスの担任はこのタイミングでカメラを準備することになったのか。業務の流れや引き継ぎは適切であったか。この事例では園庭には多くの保育者がいたわけですから、**保育者同士の連携や動きの適否、死角の有無**の観点から分析すると、より根本的な原因が発見できます。

再発予防策

　解決策を考える際には、**子どもに対する安全教育も含める**ことが大事です。この事例では、女児が怪我をした箇所を子どもと共有することで、なぜ走ってはいけないか、どこに危険があるかを子どもが理解するようになります。**友達が実際に怪我をしたという事実が、安全に対する子どもの理解を深める**のです。

　また、現実的には保育者が常に子どもの傍にいるとは限らないことから、**転倒しそうになった際の対応方法も子どもに教えておきましょう**。転倒しそうになったら手をつくこと、頭を強打しないように転倒することを教えておくのです。事故が起きたり怪我をしたときこそ、子どもに対する安全教育が大事なのです。

室内と室外との移動での事故防止の原則

✦ 子どもが移動する際のリスクを理解しよう！

　子どもが移動する際は様々なリスクがあります。たとえば、階段。階段から転落すると、大きな事故・怪我になります。そのため、2階への柵やドアが設置されているか、手すりや滑り止めがついているか、上り下りの際の死角はないか、上り下りの妨げになるものは置かれていないか、子どもが階段を上り下りする際は子どもの下側を歩くか手をつないでいるか、というようなチェックポイントを確認していく必要があります。

　また、園と公園の移動や、園舎と園舎に隣接している施設の移動の際も、子どもがいなくなったり置き去りにされたりするリスクがあります。園と公園の移動では、諸事情から急遽ルートを変えると保育者も子どもも準備が十分できず、思わぬ事故が起こる可能性があります。

　このように、子どもが移動する際はリスクがあります。どこに、どのようなリスクがあるかを理解して、確認事項をチェックリストにしておくとよいでしょう。

✦ 移動後の人数確認を徹底する！

　子どもが移動する際は、移動前後で人数確認を徹底しましょう。保育室とホールの移動やバスの乗降後には人数確認をします。広い園庭で子どもが遊んでいる場合は定期的に子どもの人数確認をします。特に、園から公園に移動した後、公園から園に移動した後のような園を出入りする移動では人数確認の徹底が大事です。子どもが移動する際は、行方不明や置き去りのリスクがあります。そのため、人数確認の徹底を忘れないようにしましょう。

　人数確認の大切さを伝える痛ましい死亡事故がありました。散歩から園に戻った際に人数確認をせず、さらに子どもが自由に遊び場所を移動できる状態のなか長時間にわたって人数確認を怠っていたことから、子どもが本棚の中で熱中症によって死亡した事故です。この事故の詳細は、『死を招いた保育―ルポルタージュ上尾保育所事件の真相』（猪熊弘子、ひとなる書房、2011年）として出版されています。子どもが移動する際のリスクと人数確認の大切さがよくわかりますので、ぜひ読んでみてください。

☐ 保護者に教えよう！置き去り防止の便利グッズ

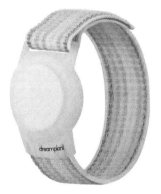

「dreamplant」（dreamplant 社）という商品があります。このバンドは Apple 社の AirTag 専用のブレスレットです。AirTag 付きのバンドをつけた子どもが保護者から一定距離離れると、保護者がもつスマホにアラームが届きます。この他にも、防犯ブザーがついていたり、バンドが一定時間水に浸かるとアラームが鳴ったりする商品もあります。このような便利グッズを保護者に積極的に伝えましょう。保護者がこうした知識をもつことで、子どもの置き去りを防止することにつながります。

人数確認の徹底だけでは不十分！

　保育者が子どもの人数確認を徹底することは大事ですが、**人数確認が十分ではなかった（人数確認し忘れた）場合に備えた仕組み作りも大事**です。防犯カメラや人を感知するセンサーの導入はその一例です。意図的に人数確認をしない保育者はいません。「うっかり」「つい」「思わず」人数確認を忘れるのです。だからこそ、保育者の力だけに頼らない仕組みの導入が必要なのです。

case
12

室外編

園庭・遊具

保育所型認定こども園 　4歳男児。園庭の雲梯から落下し、上腕部を骨折した。

 事故当日は3〜5歳児35名を保育士等2名で保育していた。園庭の遊具には、滑り台1機、ブランコ2機、雲梯1機が設置してあるが、いずれも落下事故防止マット（緩衝マット）等は設置していなかった。

事故の詳細

15:22 　本児は外遊びのため他の児童と一緒に園庭へと出る。

15:35 　外遊び中、園庭の雲梯にて他の児童2名と遊んでいた。この時園庭で見守り中の保育士は少し離れた場所で他児の世話をしていた。雲梯で遊んでいた本児が声を上げて泣き出し、気付いた保育士2名が駆け寄ると、雲梯から落ち、肘を地面につきながら横向きに倒れている児童を見つけたため、保護した。その時点で骨が盛り上がっている状態であった。緊急性を感じた園長は他の保育士とともにすぐに病院等へと連絡指示を仰ぎ、加えて保護者にも連絡し、状況等を伝えた上で病院へと帯同した。

16:30 　近所の病院にてレントゲン検査後、手術可能な病院へと救急車で移送。その後、緊急手術開始、約2時間で手術が終了。その日は一時入院となる。

病状 　右上腕骨顆上骨折で全治2ヵ月との診断を受けた。

当該事故に特徴的な事項 　普段は幼児（3、4、5才児）を合同で30人前後を2人ないし3人の保育士で見守っているが、この日は職員が足らず2人での見守りとなった。また、1人の児童の着替えや排便に追われクラスで待っていた児童を先に園庭へと送り出したため、一時職員2人が1人ずつに分かれてしまい、死角が生まれやすい時間が発生した。

 遊具での事故は起こり得るものですが、何が事故を重大なものにしてしまったのか、という観点で事例を確認しましょう。

▶ 事故原因の分析

　雲梯は、子どもが転落するリスクがある遊具です。今回の事故も転落が原因ではありましたが、子どもが転落するリスクがあるなかで保育者が雲梯から離れた場所にいたため対応ができなかったことがより根本的な原因でしょう。また、本児は転落して骨折してしまったのですが、落下事故防止マットがなかったことが事故の深刻さを大きくした原因です。このように、原因分析をする際は、**事故が発生した原因と発生した事故を深刻にした原因とに分けて考える**のもよいでしょう。

▶ 再発予防策

　子どもは保育者の予想を超える行動をしますので、すべての事故に対して事前に対策を講じることは不可能です。一方で、すべての事故が予想できなかったということもありません。それどころか、**実際に発生した事故の多くはあらかじめ予想ができた事故**なのです。

　特に、園庭にある遊具で起こりやすい事故はおおよそ予想できます。起こりえる事故が予想できるということは、事前の対策もわかるということです。今回の事故である雲梯からの転落は、雲梯という遊具から当然に予想できる予想の範囲内の事故です。子どもから離れないことや万が一転落しても衝撃を緩和するための落下事故防止マットを用意しておくべきでした。

　遊具で起こる事故はおおよそ予想がつくという事実を理解し、どの遊具にどのようなリスクがあるか学んでおくようにしましょう（第2章17を参照）。

園庭・遊具事故防止の原則

◆ 園庭や遊具に潜むリスクを学ぶコツとは？

　園庭や遊具には様々なリスクがあります。靴はきちんと履いているか、門は施錠されているか、遊具の死角はないかなど、様々な確認事項があります。こうした確認事項をチェックリストにするとよいと説明してきましたが、**既存のチェックリストを使って自分のリスクに対する理解度を診断する方法**を説明します。

　まず、園庭や、滑り台、鉄棒、ブランコ、登り棒、ジャングルジム、砂場のような遊具で子どもが遊ぶ際にどのようなリスクがあるか書き出してみましょう。次に、事故防止ガイドラインに掲載されている園庭や遊具のリスクの確認事項と比べてみましょう。自分が書き出した内容がチェックリストに掲載されているでしょうか。

　実はこの方法の肝は、「最初に自分が思いつくことを書き出すこと」にあります。最初にチェックリストを使うと、項目を見てチェックをするので、自分が日頃から意識していないことでもまるで意識していたかのように思えます。ですが、最初に自分が思いつくことを書き出すと、日頃から意識していないことはなかなか書けないので、書き出した内容とチェックリストとを比べるとチェックリストにはあるけれど書き出した内容にはない項目がでてきます。そのため、**自分がどのリスクを見落としていたのか（意識していなかったのか）がはっきりわかる**のです。こうして、自分が見落としていたリスクをはっきりさせたら、なぜ気がつかなかったのかをしっかり考えましょう。

　書き出されなかったのはただの書き忘れと片付けてはいけません。書き忘れではなく、見落としていたという認識をもち、原因分析し対策を講じる必要があります。

◆ 対策の副作用も考える

　子どもが頭を打たないようにと「子どものために」「善意で」遊具にとりつけた柵の隙間に首を挟まれて子どもが死亡した事故がありました。こうした事故から学ぶことは、**対策を講じた場合の副作用も考える**ということです。「もしこの対策を講じると、何か不都合は起きないか？」「子どもの動きはどう変わるか？」のように、対策の副作用を考えることです。

大事なことは、「子どものために」という大人の視点ではなく、「子どもの立場で」という子どもの視点で考えてみることです。そうすることで、対策の思わぬ副作用を発見しやすくなります。

「もしも事故が起こるとすると？」を考える

　遊具での事故防止のためには、「もしもこの遊具で事故が起こるとすると、どこで、どうやって起こるか？」と思考実験することが大事です。思考実験については『安心して仕事を任せられる！新人保育者の育て方』（浅井拓久也、翔泳社、2022年）でも触れましたが、子どもの立場から想像・想定をすることで、様々な可能性（ここではリスク）に気がつくことができます。

　思考実験を上手にするためには、日頃から子どもがどうやって遊具を使っているかをよく観察することが大切です。思いがけないような遊び方や遊具本来の目的とは異なる遊び方をしている場合は、どこにリスクがあるか発見しやすくなります。また、新しく遊具を設置したり、既存の遊具に変更を加えたりした際も、子どもの遊び方を注視しましょう。子どもが遊ぶ様子から、リスクの存在に気がつきやすくなります。こうした気づきが思考実験の質を高め、事故防止の効果的な対策を考えることにつながっていきます。

遊具を勝手に改造しない！

　遊具での事故を防止するためには、対策の副作用を考えたり思考実験したりすることに加えて、そもそも遊具を勝手に改造しないことが大事です。「子どものために」と思って遊具を改造すると、思わぬ事故が起こることがあります。遊具は理由があってその形状・状態になっているのですから、園・保育者の判断で改造すると、思わぬ事故が起こります。

トイレ・洗い場

幼保連携型認定こども園　3歳女児。トイレから保育室へ戻る際に、トイレの扉に指を挟んで骨折した。

 事故発生当日は土曜日で0〜5歳児21名を3名の保育士等で保育をしていた。事故にあった子どもは、少ない人数で普段使わないおもちゃをじっくり遊べる環境のため、喜んで友達と関わり遊んでいた。

事故の詳細		
	9:19	登園し、本児は普段と変わらない様子で過ごす（土曜日の為、2歳児の部屋で合同保育）。
	15:00（事故発生時の状況）	おやつ時より合同保育となり、食べ終えて本児がトイレに行くと言い5歳児の兄と一緒にトイレに行った。保育室に隣接しているトイレで用を足し、済ませて保育室に戻る際、トイレの扉を勢いよく閉めたため、親指の上の部分を挟んでしまった。
	15:00（事故発生後の対応）	始めは患部が赤かったため冷やし、お迎え時に保護者に伝えたが、保護者はいつも家でやってるからと、気にせずに帰って行った。
	翌日以降	後日、指が気になり見に行くと青くなっていたので、保護者に園から病院に連れて行ってもよいか確認後、その日の午前中に、整形外科に受診してもらうと、親指の先の骨が骨折していたことがわかった。

病状　左手の骨折。

ここに 注目　なぜ、トイレの扉を勢いよく閉めてしまったのか、
子どもの行動に着目してみましょう。

▶ 事故原因の分析

　本児の骨折は、扉を勢いよく閉めたことが原因です。ここで大事なことは、トイレでよく起こる事故ですねとして片づけるのではなく、**本児のこうした行動の原因をしっかり分析すること**です。慌てていたのなら、なぜ慌てていたのか。いつもこうした閉め方をしているのなら、なぜこうした閉め方をするのか。もちろん、今回は偶然にも勢いよく扉を閉めてしまったということもあるでしょう。ですが、**「偶然」「たまたま」を最初に考えてしまうと適切な原因分析につながりません**。まずは、なぜ本児がこうした行動をしたのか、せざるを得なかったのかを考えるようにしましょう。

▶ 再発予防策

　トイレの扉は本児の自宅にもあります。この事故のように、**自宅にもある環境で事故が発生した際は、自宅ではどうしているかを保護者に聞き取る**ようにしましょう。自宅でも勢いよくトイレの扉を閉めているのならば、園だけで本児にいくら説明してもあまり効果がないでしょう。生活習慣に関する事故は、家庭でも園でも同じようにしていることが原因であることがあります。園と保護者がしっかり話をして、園と家庭が連携して事故防止につなげることが効果的な解決策になります。

2

実例で学ぶ　重大事故の原因と防ぎ方

トイレ・洗い場での事故防止の原則

◆ トイレで起こりやすい事故とは？

　子どもがトイレに行く際は、保育者が必ず付き添うようにしましょう。なぜなら、トイレには事故・怪我が起こりやすい危険が多々あるからです。

　たとえば、転倒です。トイレの床は材質上滑りやすく、しかも水で濡れているといっそう滑りやすくなります。慌ててトイレに入ると転倒するリスクは高まります。トイレの入口に保育者が立って、交通整理するようにしましょう。

　また、消毒液などの誤飲です。トイレには消毒液などの様々な薬品があり、子どもの興味・関心をそそります。子どもの手が届かない場所に保管することはもちろんのこと、そもそも子どもの目につかないところ（施錠した場所）に保管しましょう。

　最後は、ドアに指を挟むことです。トイレの個室のドアに指を挟み怪我をすることがあります。いつも保育者がドアの開け閉めをする必要はありませんが、子どもが自分でドアの開け閉めをする際は注視しましょう。

◆ 「トイレ教育」をしっかり！

　トイレでの事故・怪我は、トイレの使い方を子どもに教えることでぐっと減らすことができます。大事なことは、「慌てず」「きちんと」「さわらず」です。

　まず、トイレに行く際は、慌てないことを伝えます。転倒するリスクがあること、友達と衝突するリスクがあることを教えましょう。トイレに行きたいときは早めに保育者に申告するように、子どもと約束をしておくのもよいでしょう。

　次に、トイレの正しい使い方を伝えます。便座の座り方やトイレットペーパーの使い方を教えましょう。「トイレをきれいに使おう！」とばかり言うのではなく、トイレは正しく使えば清潔さを保つことができることを教えるのです。

　最後に、トイレにあるものは勝手に触らないことを伝えます。もちろん、消毒液などは子どもの手が届かない場所に保管しますが、うっかり出したままになることもありえます。そのため、トイレにあるものは勝手に触ってはいけないということを教えましょう。

　「慌てず」「きちんと」「さわらず」の観点から子どものトイレ教育を見直してみましょう。保育者の対策と相まって、効果的な事故防止になります。

☐ トイレの事故防止で留意すること

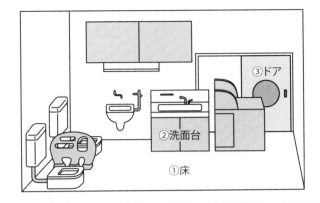

① 床：水に濡れていると転倒を誘発します。時間を決めて定期的に点検しましょう。

② 洗面台：消毒液を置いておくと誤飲につながり危険です。また、子どもは数cmの水でもおぼれることがあります。水をためておくこともやめましょう。

③ ドア：紹介した事例のようにドアに指を挟む事故はたびたび起きています。子どもに「ドアはゆっくり閉めてね」などと注意喚起をすることも大切です。

「トイレは怖いところ」と思わせない

子どもが泣くとトイレに連れていって泣き止むのを待つという園がありました。子どもを叱る際にトイレに連れていくという園もありました。これらは典型的な不適切保育ですが、トイレをこのように使うと子どもは「トイレ＝怖いところ」という意識をもってしまいます。これでは、適切なトイレ教育ができません。「トイレ＝怖いところ」と子どもが認識してしまうような使い方はしてはなりません。

トイレの洗面台に水をためない

トイレの洗面台に水をためたままの園がありました。洗面台に消毒液を入れて雑巾を浸している園もありました。子どもは数センチの水で死亡することがあります。そのため、トイレの洗面台に水をためておくというのはとても危険です。トイレの洗面台に水をためるようなことはしてはなりません。

case
14

園外編

バス

認可保育所　5歳男児。登園で使用した送迎バスの車内に置き去りとなり、熱中症で死亡した。

 事故発生当日の健康状態に異常はなく、午前7時30分に起床し、朝食を食べている。保育所から、水筒は持たせないようにと言われていたため、事故発生当日、水筒は持参していない。本児は、送迎バスA（園長バス）を2021年7月から利用していた。

事故の詳細

8:00頃
- 本児が送迎バスA（園長バス）第2便に乗車した（7人中2組3人目）。
- 運転手の園長が降車してドアを開けると、本児が1人で乗り込んだ。
- 母親とは、保育所行事等についての会話のみを交わしている。
- 本児とも挨拶のみで、特に健康状態等のチェックはしていない。

8:35頃
- 園長が運転する送迎バスAが保育所駐車場に到着する（添乗の職員なし、園児7人乗車）。
- 所定の駐車位置に駐車し、お迎え保育士Cがバスのドアを開け、バスから降りた園長とお迎え保育士Cで乗車していた園児6人を降ろす。
- 園長は、本児が一番先に降りたと思い、車内をよく確認せず施錠した。園長は、バスのステップに上がって、残りの搭乗者がいないか目視で確認したが、他の園児が泣いていたことに気を取られ（平時と異なる点）、本児の存在に気がつかなかった。また、乗車名簿はあるが、降りるときにチェックはしていなかったと証言している。そのほか、バス車内では、荷物もまとめて預かっていたため、忘れ物チェックはしなくて良かったと証言しているが、本児の荷物は預かっていなかった（保護者への追加の聞き取りから、預かっている児童と預かっていない児童がいたようである）。
- 迎えに出たお迎えの保育士Cも、本児がすでに降りたと思い園長への確認や車内の確認をしなかった。
- 1、2歳児は手を繋ぎ、園長とお迎え担当保育士Cで残りの園児の前後を挟んで保育所に誘導した。

9時～13時	・保育所では、欠席情報をホワイトボードに記載し、情報共有していたが、本児の欠席情報は記載されていなかった。 ・保育所内（担任保育士Ｂ、保育補助Ａ等）では、本児がいないことを把握していたが、園長に確認せず、休みと推測していた。 ・通常、お昼（12～13時）頃までに出席簿の整理を行っており、当日の出席簿には事故欠で整理していた。
17:15	送迎バスＢに保護者が迎えに来ていたことで、本児が登園していたことがわかり、バスに添乗していた保育士Ｂが園長に電話で報告する。
17:20	園長が保育所駐車場に駐車していた送迎バスＡの車内を確認したところ、本児が車内で横たわっており、意識がない状況で発見される。
17:23頃	園長が110番、主任が119番通報を行った。数分で警察、救急車ともに到着した。救急隊により人工呼吸等がなされた後、救急搬送される。
18:59	搬送先の病院で、本児の死亡が確認される（死亡推定時刻：午後1時頃）。

 ここに注目 職員間の役割分担や連携を確認してみましょう。

事故原因の分析

　本事故は起こるべくして起きたと言えるでしょう。各自がすべきことが不明確で、したことも不徹底（不十分）。人的ミスをフォローする仕組みも不適切。これらが相まって事故が起こりました。

再発予防策

　保育者、子ども、保護者と園バスに関わる人物とそれぞれがすべきことを１枚の用紙に書き出してみましょう。**フロー分析**をするのです。こうした事故は、**自分が担当する部分だけを見ていることから起こります。関係者全員がそれぞれが担当する全体像を見るようにするのです。**

バスでの事故予防の原則

◆ なぜバスに置き去りになったのか？

　園バス（以下、バス）に子どもが置き去りになって死亡する事故が続きました。園バスでの事故防止のためには、なぜ事故が起こったのかを理解する必要があります。事故発生の原因は次の3つにまとめることができます。

　第1に、**そもそもすべきことが不明確だったこと**です。バス内に子どもが残っていないか、降車した子どもの人数は適切かなどの確認事項とその手順が整理されていませんでした。

　第2に、**すべきことを適切に実施していなかったこと**です。事故が発生した園では登園管理システムを導入していましたが、実際に降車した子どもやその人数を確認しないまま登園管理システムに入力していました。システムに入力するというすべきことは明確であったものの、すべきことが適切になされていませんでした。

　第3に、**すべきことが周知されていなかったこと**です。誰が何をするのかを全職員が理解できるように役割や確認事項を周知できていませんでした。

　これらが原因となって、死亡事故が発生しました。このように、原因は1つだけとは限りません。事故が発生する背後には複数の原因が存在することがあります。

◆ 置き去り事故を防止するためには？

　バスに子どもを置き去りにしないためには、3つの対策が必要です。

　第1に、**子どもがバスの乗降をする際に確認すべきことを明確にすること**です。誰が、いつ、何をするのかの手順・方法を明確にします。

　第2に、保育者の確認だけに頼るのではなく、**様々な事故防止のシステムを導入し、かつ適切に扱うこと**です。人的エラーが発生することを前提として、安全装置や人を感知するセンサーの導入などの事故防止策を考えます。また、システムを導入するだけではなく、使用・運用のルールを守り、適切に扱うように徹底します。

　第3に、**関係者に対して周知と教育をすること**です。関係者とは園の職員だけではなく、保護者や子どもも含みます。職員へは園内研修、保護者へは保護者会や通知文、子どもへは日々の保育を通して、事故防止の考え方や対策について伝え、教え、周知していきます。

毎日使えるチェックシートの例

月　日（　）：登園／降園

☐ 同乗職員は、
バスに乗るこどもの数を数えた。

☐ 同乗職員は、
バスから降りたこどもの数を数え、
全員が降りたことを確認した。

☐ 同乗職員は、
連絡のないこどもの欠席について、
出席管理責任者に確認した。

☐ 運転手は、バスを離れる前に、
車内にこどもが残っていないことを、
椅子の下まで見落としがないか見て、
確認した。

運 転 手：＿＿＿＿＿＿＿＿＿＿＿

同乗職員：＿＿＿＿＿＿＿＿＿＿＿

運転手の席に備え付けておくなどして、
日々の送迎時における子どもの見落とし
防止に活用する

出典：内閣官房・内閣府・文部科学省・厚生労働省「こどものバス送迎・安全徹底マニュアル」（2022年）

園内研修の大切さ

　先ほど、人的エラーが発生することを前提にして、システムを導入することも大切であると説明しました。しかし、システムを導入するだけでは事故防止にならないのです。保育者がすべきことを理解し、適切に行動することも大事です。

　そのためには、園内研修が大事になります。実際の事故を取り上げた事例検討会（ケーススタディ）や事例を踏まえた職員間の対話によって、なぜそのような行動が求められるのかを全職員がきちんと理解することが、確実な行動につながります。第1章7でSDGについて説明しましたが、考え方・ものの見方を変えないと行動は変わらないのです。園内研修を通して様々な気づきや発見をすることが、考え方・ものの見方を変えるきっかけになります。

　「こうしてください」「こんなシステムを導入しました」「バスの事故防止のマニュアルを作ったので、各自で読んでおいてください」という一方的な伝達をするのではなく、園内研修を開催し、なぜそうした行動が求められるのかを全職員が理解できるようにしましょう。それが、確実な事故防止につながります。

case

15

園外編

散歩（初めてのルート）

小規模保育事業　1歳男児。入居しているビルを散歩中に階段から転落し、頭蓋骨を骨折した。

 当該事業所では、散歩のルートが確定しておらず、事故当日は入居しているビル内を散策することとした。

事故の詳細

10:30	保育園入居ビル内を階段にて2階〜4階へと散策開始（園児3名に対し保育者2名が手を繋ぎ行動）。
10:40	4階の入居テナント見学後、保育者の「次、行こうか」の声掛けに反応した本児が階段方向へ走り出した（この時は本児と手を繋いでいない状態）。すぐに追いかけるが、追い付けず4階階段手すり部の隙間より階下の3階踊り場へ転落。すぐ駆けつけると本児が仰向けで倒れた状態で泣いていた。意識はあり手足は動く。
10:45	園に戻り救急車を要請。本児の額右こめかみ部にたんこぶを確認し、冷やす。この時、一時顔面蒼白となり泣かなくなるが、保育者の呼びかけにより再度泣き出す。
11:50	救急隊が到着し、車内にて外傷確認を実施し、病院へと搬送。CT検査を行い頭蓋骨骨折と診断される。
16:00	再度CT他検査を実施し、骨折以外の異常はみられなかったが、当日は大事をとり入院となる。
翌日	再度のCT検査により、骨折以外の異常がみられないとの事で、退院となる。

病状　頭蓋骨の骨折。

 **ここに 注目**

初めてのルートを散歩するときに事前に すべきことは何でしょうか？

▶ 事故原因の分析

　1歳児が散歩する際は、保育者が手をつないでいたり散歩カートを使ったりすることが多いでしょう。そう考えると、この事故の原因は保育者が手をつないでいなかったこととも考えられますが、根本的な原因は散歩のルートが確定しておらず、**場当たり的に散歩コースを決めていたこと**です。そのため、4階の階段の手すり部に隙間があることに気がつかず、その隙間から子どもが転落する事故が起きたのです。

▶ 再発予防策

　散歩で使うコースは保育者が事前に確認し、どのような道順で行くか、どこに危険があるかをルートマップやハザードマップとしてまとめておきます（第2章16を参照）。散歩に同行する保育者全員で共有しておきます。

　特に大事なことは、初めて使う散歩コースは、たとえ保育者が事前に入念に調べていても子どもが思わぬ行動をしたり、保育者が事前に気がつかなかった危険箇所が出てきたりするということです。大人の目線と子どもの目線が異なるからです。そのため、初めて使う散歩コースでは慎重に行動し、ましてや**事前に調べてもいない散歩コースは絶対に使わない**ようにしましょう。

散歩中の事故予防の原則①子どもへの安全指導

◆ 散歩から学ぶことはたくさんある！

　散歩のような園外活動は、園内活動よりリスクが高まります。園内活動と異なり、保育者がコントロールできる要因がそれほど多くないからです。ですが、**リスクがあるからといって園外活動を全面的に禁止するというのでは、子どもの体験や学びの多様性を損なうことになってしまいます**。厚生労働省の通知でも「保育所等において、散歩等の園外活動を行うことは、子どもが身近な自然や地域社会の人々の生活に触れ、豊かな体験を得る機会を設ける上で重要である」と示されており、園外活動の大切さが示されています。

◆ 日頃から子どもに対して安全指導をする

　安全で充実した園外活動にするためには、子どもに対する安全指導と園外活動の入念な計画を作ることが大事です。園外活動の入念な計画は第2章16で説明することにして、ここでは子どもに対する安全指導について説明します。

　現代社会では、子どもに対する安全指導は特に大事です。なぜなら、家庭では十分に学べない可能性があるからです。平日は車や自転車に子どもを乗せて登降園します。土日も車に乗って家族で遊びに行くことが多いでしょう。そのため、交通安全の習慣や交通ルールを家庭のなかで学ぶことは難しいのです。だからこそ、園での子どもに対する安全指導がいっそう必要になります。

　具体的には、交通安全や交通ルールに関する絵本や紙芝居を読んだり（演じたり）、保育者と一緒に散歩したりする機会が大事です。道路の端を歩くこと、急に走り出さないこと、交通状況を確認することなどの交通安全の習慣や、信号に従って行動すること、横断歩道を渡ることなどの交通ルールを身につけられるようにします。交通安全の習慣や交通ルールを保育者が「教え込む」のではなく、**日常の生活での具体的な体験を通して子どもが「理解し納得する」ように指導すること**です。

　なお、こうした園での取り組みは保護者にも積極的に伝え、子どもと一緒に散歩することをオススメしてみましょう。子どもと保護者が一緒に散歩することで、園での取り組みがいっそう効果的になります。

□ 散歩から学べること

交通ルールの習得

信号、横断歩道、
急に歩かない など

子どもの体験や
学びの機会の提供

地域の人、動植物、
匂い など

安全かつ学びの多い散歩計画の作り方を
この本で習得しましょう。

2 実例で学ぶ 重大事故の原因と防ぎ方

公園への移動を楽しむ！

園外活動は様々にありますが、公園で遊ぶことはよくある活動の1つでしょう。園と公園を移動するルートを選択する際、危険が少ないかどうかを判断基準にすることは当然としても、**移動中に子どもがワクワク・ドキドキするかどうか**という判断基準も大事にしてください。

大人の立場からすれば移動は目的地までの単なる手段にすぎず、いかに安全で効率的なルートを選ぶかと考えがちですが、**子どもの立場からすれば移動は手段ではなく、目的そのもの**なのです。移動している際に出会う地域の人や様々な動植物、園では感じられない匂いや見られない景色。移動中に出会うすべてのことが、子どもにとっては楽しみであり、学びなのです。だからこそ、移動のルート選択は、安全性だけではなく、子どものワクワク・ドキドキ感も考慮に入れる必要があるのです。

「早く歩かないと、公園で遊ぶ時間がなくなるよ！」と、子どもを急かしていませんか。子どもにとっては、公園で遊ぶことも公園までの移動も、同じくらい楽しいのです。

case 16

園外編

散歩（ルートマップとハザードマップと散歩計画）

認可保育所　1歳女児。小学校へ散歩に行き、飼育されているウサギに噛まれ、指を切断した。

 1歳児8人、2歳児5人、保育士4人で隣接する小学校へ散歩に出かけた。

事故の詳細

8:30　登園しいつもと変わらず元気にすごす。

10:05　散歩に出発。

10:15　保育所に隣接する小学校に到着。飼育小屋のウサギにエサ（人参の皮、15センチ程度）をやろうとして小屋に近づく。保育士のところまでエサを取りにきて、エサを受け取った児童からウサギにエサをやっていた。保育士は小屋近くに2人、少し離れたところに1人、エサを配るのに1人がいた。

10:20　本児の泣き声で気づいた。ウサギにかまれ、人差し指から出血し、指が欠損していた。手を高く上げさせ止血する。

10:25　病院へ搬送。

病状　指の切断。

ここに 注目 ウサギに限らず、犬や猫などに対する危険性の認識は十分でしょうか。普段の保育を振り返ってみましょう。

事故原因の分析

保育者と子どものウサギへの認識・対応が不十分であったことが事故の原因です。日頃から園でウサギの飼育をしていない場合、**ウサギと接触する際にどんなリスクがあるのかを保育者が十分に理解できていない可能性**があります。なんとなくわかることと、十分にわかることは同じではありません。小学校で飼育されているウサギなので、**ウサギは子どもに慣れていると思い込んで**いなかったでしょうか。

また、ウサギは、多くの子どもにとって「かわいい」「弱々しい」イメージの動物でしょう。だからこそ、自分が噛まれる、ましてや噛まれて指が切断されることを子どもがイメージすることはほぼ不可能です。

保育者と子どものウサギに対する認識・対応の不十分さが、事故を引き起こしたと考えられます。

再発予防策

絵本で動物を見ることと、実際に動物に接することには大きな違いがあります。そのため、**本物の動物と接する前に保育者が適切な行動やリスクを確認したり、子どもに対する安全教育をしたりすること**がいっそう大事になります。

なお、本物のウサギに接するというのは、子どもにとって学びになる貴重な体験です。事故が起こったから今後はいっさい中止にするというような安易な判断は避けましょう。事故が起こるたびに何かを止めていくと、気がつかぬうちに子どもの学びを大きく損ねることになってしまいます。

散歩中の事故予防の原則②園外活動の計画

◆ 「散歩の三種の神器」とは？

　安全に、楽しく散歩するためには、散歩前に入念な準備をする必要があります。それが、「散歩の三種の神器」です。

　1つめは、ルートマップです。園と公園などの目的地間の経路・道のりを示したマップです。ルートマップは次の3つに留意しましょう。第1に、ルートが複数ある場合は「ルートA」「ルートB」のように、すべてのルートマップを作成します。後述する散歩計画表にどのルートを使ったのかを記入します。第2に、大雨などによって日常的に使っているルートが危険になることもあります。このようなときは急遽ルートを変えて散歩するのではなく、散歩を控えることも選択肢に入れましょう。第3に、ルートマップは園入口付近に掲示して、職員や保護者が確認しやすいようにしておきましょう。

　2つめは、ハザードマップです。園と公園などの目的地間の経路・道のりにある危険な箇所を示したマップです。ハザードマップは次の3つに留意しましょう。第1に、新たに危険な箇所は出現していないか散歩しながら確認してください。第2に、ハザードマップはルートマップに危険箇所を記入するやり方で作成してもよいです。第3に、ハザードマップは保育者が作っておしまいにするのではなく、子どもと一緒に作りましょう。子どもと一緒に作ることで、子ども自身も危険箇所を自覚することができます。危険箇所を子どもにネーミングしてもらうのもよいです。ネーミングすると愛着がでてきますから、危険箇所をより自覚できるようになります。

　3つめは、散歩計画表です。散歩前後に記入する計画表です。散歩計画表は次の2つに留意しましょう。第1に、業務日報に「今日は散歩しました」と記入するのではなく、散歩計画表に記入しましょう。散歩計画表に記入することで、散歩の入念な準備や振り返りの質向上につながります。第2に、散歩計画表を職員間で共有することです。散歩中に気になったことや危険を感じたことを職員間で共有しておくことで、散歩中の事故防止につながります。

　「散歩の三種の神器」は、ルートマップ、ハザードマップ、散歩計画表です。これらを活用して、安全で、楽しい散歩にしましょう。

☐ 散歩計画表の雛型

(別紙2)　　　　　　　　　　　　　　　散歩計画表 (参考例)

日にち 曜日	クラス	散歩の経路・目的地 及びねらい	出発 (予定) 出発 (実績)	帰園 (予定) 帰園 (実績)	子どもの 人数	引率者	持ち出し 携帯電話	備考 (注意事項、気づき等)	確認者
（ ／ ）	組		: :	: :					
（ ／ ）	組		: :	: :					
（ ／ ）	組		: :	: :					
（ ／ ）	組		: :	: :					
（ ／ ）	組		: :	: :					
（ ／ ）	組		: :	: :					
（ ／ ）	組		: :	: :					

出典：厚生労働省「保育所等における園外活動時の安全管理に関する留意事項」(2019年)

散歩から帰園した際の「3つの確認」とは？

散歩から園に戻ってきた際は、次の3つを確認しましょう。

第1に、子どもの人数確認です。園に戻って来るなり園庭で自由遊びを始めるというのでは、子どもの人数確認が疎かになります。散歩から帰園したら、まず人数確認をしましょう。

第2に、子どもの体調確認です。散歩中や公園で遊んでいる際は緊張や興奮で感じなかった異変に園に戻ってきてから気がつくことがあります。そもそも子どもの体調は急変しやすいものです。帰園後は子どもの体調確認をしましょう。

第3に、活動内容の確認です。先ほど子どもの体調確認の必要性を説明しましたが、そのためにも帰園後は子どもを落ち着かせることが大事です。帰園後すぐに活発な活動を始めると、保育者も子ども自身も自分の異変に気がつくのが遅れます。帰園後は子どもが落ち着くような活動をして、子どもに異変がないかを確認しましょう。

散歩や公園での遊びは子どもにとって園ではできない経験をするよい機会です。安全に、楽しい園外活動にするために、園外活動前の準備、園外活動の最中 (散歩や公園での遊び)、帰園後の確認の3つを大事にしましょう。

17

園外編

公園

認可保育所　5歳男児。公園の滑り台で足を滑らせて落下し、頭蓋骨を骨折した。

 4、5歳児16名、保育士1名で公園に向かった。担任保育士が園外保育の場所として公園を選んだ。

事故の詳細

10:35 近くの公園に到着する。本児は公園で遊んだことがあり、興奮していた。

10:45 急いで滑り台の横のはしご（階段）を登って足を滑らせ両手を離し、3段目より落下する。この時、担任保育士はすぐ近くにいたので、怪我の状況を確認する。外傷は、右のおでこと膝のすり傷のみで、本児が舌が痛いと訴えたので確認するが、噛んだ痕など見られなかった。本児も歩いて、すぐ保育所に戻る。

11:05 すぐに主任と看護師で外傷を一緒に確認する。腫れていることもなく、給食の準備をする。

12:00 給食を食べていると、右まぶたが腫れているので、再度担任と主任・看護師で怪我の確認をして、母親に連絡する。その後、父親が先に到着して、怪我の状態を確認してもらう。保育所より病院に連絡をして、本児と両親と担任保育士で病院に向かう。

12:50 病院に到着して、受付をして診察を待つ。形成外科を受診するようになるが混雑していたので、本児と母親と待つ。

13:30 まぶたの腫れだが、念のため眼科受診を勧められて受診する。眼科では異常なしと診断される。

16:45 形成外科を受診して、顔面のCT検査を受ける。

18:00	母親と担任保育士で顔面の３Ｄ画像を、形成外科の医師と確認する。右頭蓋骨にひびのような線があり、再度頭のＣＴ検査を受ける。
19:00	形成外科の診察で右頭蓋骨にひびがあり、右まぶたの腫れは内出血によるものと診断され、脳外科の受診を勧められる。医師より家庭での経過観察を指導されたが、母親が希望して入院する。
20:20	本児の病室に、所長・主任・担任保育士で謝罪をして、明日の朝に本児の様子を見に来ることを伝えて帰る。
病状	頭蓋骨の骨折。
当該事故に特徴的な事項	担任保育士が園外保育の場所として選んだ公園、ブランコのチェーンが切れていたり、公園内にゴミが散乱したりしている等、施設整備が不十分だった。

この事故を深刻なものにした原因は何だったのでしょうか？

事故原因の分析

　滑り台の階段から転落し頭部を強打していたにもかかわらず、**外傷があまり見られないということからすぐに受診しなかったことが、この事故が深刻な事態を招いた原因**です。子どもが転落した事実を報告しにくい雰囲気は園内になかったか。保護者に叱責されることを恐れていなかったか。そもそも外傷がなければ問題ないと思っていなかったか。こうした事故から学ぶべきことは、なぜすぐに受診しなかったのかを様々な視点から分析することです。

再発予防策

　この事故から学ぶべきことは、**子どもが頭部に強い衝撃を受けた際は、目立った外傷がなくても受診する**ということです。この事例のように、頭部打撲の影響は、それが発生した時より遅れて発生することがあるからです。

公園での事故防止の原則

◆ 公園の危険箇所を把握し、チェックリストを作る！

　散歩中の危険箇所をハザードマップにまとめたように、公園の危険箇所をまとめておきましょう。どこに、どのような危険があるのかを写真やイラストを使って視覚的に整理することで、保育者が危険を認識しやすくなります。

　また、公園には遊具があることが多いでしょう。子どもが遊び始める前に遊具の点検をしましょう。その際は、事前にチェックリストを作っておくとよいです。自分の記憶を頼りに点検をすると、点検漏れが発生します。点検漏れが原因で事故が起これば、「しまった！」と後悔することになります。公園にある遊具のチェックリストを作り、チェックリストに則して点検しましょう。

◆ 公園での遊びの際の「3つの確認」とは？

　公園の遊具の点検に加えて、公園での遊びでは次の「3つの確認」をしましょう。

　第1に、子どもの人数確認です。公園で遊び始める前、遊んでいる最中、公園から帰園する際に確認します。公園には他園の子どももいますから、「公園で遊ぶ際は赤の帽子を着用する」など、自園の子どもの人数確認をしやすくする工夫をしましょう。

　第2に、子どもの体調確認です。散歩前も子どもの体調確認はしますが、子どもの体調は急変しやすいため、公園に到着してからも子どもの体調変化に目を光らせるようにしましょう。

　第3に、遊び方の確認です。通常とは異なる遊具の使い方をしたり、危険な遊び方をしたりしていないかを確認します。特に、ベンチや砂場に落ちていたものを使って遊んでいないか確認しましょう。公園のベンチに放置されたブーメランを子どもが発見し、遊び始めた事例がありました。この事例では、子どもが投げたブーメランを別の子どもがキャッチしようとして失敗し、目を強打し救急搬送されました。公園には時として放置されたものがあり、子どもがそれを遊びに使うと危険性が高まりますので、注意が必要です。

　公園では遊具の点検と、「3つの確認」を徹底しましょう。これが、公園にあるリスクを減らし、楽しく遊べるようにする秘訣です。

■ 公園の事故防止のポイント（「遊具の安全」ワークシート）

出典：『固定遊具の事故防止マニュアル』（独立行政法人日本スポーツ振興センター）より一部抜粋して掲載

「公園同盟」を結ぶ！

　公園には、同じような時間帯に多くの園の子どもが集まります。特に、新型コロナウイルス感染症発生後は、3密回避のために公園で遊ぶ時間が長くなった園も多々あります。公園での遊びは子どもにとって楽しい時間ですが、園内で遊ぶ場合と比べて危険性も高まります。

　そこで、**公園を利用する他園の保育者と連携**しましょう。遊具の点検や不審者確認などを一緒に行うのです。公園は保育者以外の大人もいますから、不審者確認は特に大事です。保育者が特定の子どもに対応している最中に不審者が別の子どもに接触した事例がありました。もちろん、自園の子どもの安全を優先的に確保することは当然ですが、だからといって「あの子はうちの園児だから大事、その子は他の園児だから関係ない」という発想は保育者として、いや1人の人間として乏しい考え方であると言わざるを得ません。

　公園にいる保育者全員ですべての子どもを見守るようにしましょう。こうした「公園同盟」を結ぶことで、公園で遊ぶすべての子どもの安全を確保できるからです。

コラム

「適切」「不適切」ではなく、保育を具体的に考えることが大事！

　この原稿を執筆している時点で、不適切保育に関する報道が続いています。子どもに無理やり食事を与える、子どもを椅子に縛り付けるなど、どう見ても適切な保育とは言えないような行為が報じられています。これらの行為は、明らかに不適切保育と言えるでしょう。

　しかし、保育には「適切」「不適切」と単純な二者択一では決められないことも多々あります。明らかな適切保育と明らかな不適切保育の中間に、子どもや保育者を取り巻く事情や状況によっては「不適切である」とは容易に判断できないものもあるのです。

　たとえば、全国保育士会のチェックリストには、「良くないと考えられるかかわり」として以下の例が掲載されています。

・朝、母親に抱かれて、なかなか離れられない子どもに「ずっと抱っこしてもらっていると恥ずかしいよ」と言葉をかける
・自分から訴えてトイレに行くことができるようになった子どもに対して、「おしっこ出ない」と訴えていても、トイレに行くように促す

　しかし、本当にそうなのでしょうか。子どもと保育者の信頼関係や子どもの性格、あるいはこうした発言があった状況や前後の文脈によっては、必ずしも不適切保育であるとは言い切れないこともあるのではないでしょうか。

　不適切保育を防止するために大事なことは、チェックリストの各項目に対して「良い」「悪い」、「〇」「×」の単純な二分法で考えるのではなく、どのようなとき、なぜこの例が適切あるいは不適切になるのかを具体的な保育の場面や様子をイメージしながら考えることです。保育者はそれぞれ自分なりの保育観や子ども観をもっています。こうした保育観や子ども観は、保育が適切か不適切かを判断する際に影響を及ぼします。だからこそ、人権尊重チェックリストのようなものを持ち出し、各項目に拙速に「〇」「×」をつけて終わりにするのではなく、一つひとつの項目について具体的な場面や状況を想定して、何が適切と不適切を分けるのかを考えたり職員同士で話し合ったりすることが大事なのです。

こうした思考や対話の過程で自分の保育観や子ども観が明らかとなり、それを見直すことが不適切保育につながることを防止し、ひいては保育の質を高めることになるのです。

こどもの人権養護の観点から望ましくないと考えられるかかわり

虐待等と疑われる事案（いわゆる不適切な保育）

虐待等
虐待　・身体的虐待　・性的虐待
　　　・ネグレクト　・心理的虐待
この他、こどもの心身に有害な影響を与える行為

第 **3** 章

事故に強い
施設にするための
仕組みづくり

01 園全体で事故防止の体制を作る

重大事故を防止するためには、保育者一人ひとりの努力だけではなく、園全体で事故防止の体制を作る必要があります。

▶ 保育者の力量は様々だからこそ「仕組み化」が大事！

事故や怪我を防止するためには、保育者一人ひとりが安全管理や事故防止に関する知識や技術を向上させることが欠かせません。ですが、それだけでは不十分です。園全体、組織全体で取り組む必要があります。園全体で安全管理や事故防止の体制を整備するのです。

そのキーワードが、仕組み化です。仕組み化とは、保育者個人の力量に頼るのではなく、園全体で安全管理や事故防止の対策を講じることです。定例の職員会議ではヒヤリハットの報告をする時間を必ず作る、子どもがよく転倒する箇所は滑り止めをつける、これらが仕組み化の例です。このように仕組み化されていると、安全管理や事故防止に関する保育者の力量が様々であったとしても、園全体で安全管理や事故防止ができるのです。

▶ スイスチーズモデル

安全管理や事故防止の仕組み化を考える際にヒントになるのが、スイスチーズモデルです。このモデルは、事故防止の対策にはどこか欠点があり、1つの対策だけでは十分ではなく、それゆえに様々な複数の対策を重ねることが事故防止につながるという考え方です。保育者個人の力量だけに頼るのではなく、園全体で事故防止の対策を講じることも、まさにスイスチーズモデルの発想によるのです。

ただし、スイスチーズモデルの発想に基づく対策は、ときに業務を煩雑化、複雑化することもあります。たとえば、事故防止のための点検リストや確認事項、事前・事後の手続きが膨大になれば、業務の円滑性や操作性が失われてしまいます。

そのため、安全管理や事故防止の仕組み化を考える際は、そのメリットとデメリットの両方を考える必要があります。

■ スイスチーズモデル

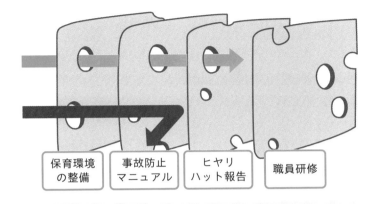

事故を100%防止できるたった1つの方法はありませんので、
複数の方法を重ね合わせることが大事です。

▶ 安全管理や事故防止の研修が大事！

　仕組み化の1つとして、研修が大事です。保育者の力量は様々であると説明したように、安全管理や事故防止を常に考えている保育者もいれば、意識が希薄になっている保育者もいます。だからこそ、園内外の研修で安全管理や事故防止に関して学ぶ機会をあらかじめ用意して（組み込んで）おくことで、保育者全体の力量を高めていくようにします。

　事故防止ガイドラインでは、「重大事故の防止のための指針等を整備し、実践的な研修等を通じて全ての職員に周知する」のように、様々な箇所で研修の重要性が示されています。

　ここでは、研修で使えるグッズを2つ紹介します。チャイルドマウスと幼児視野体験メガネです。これらは、実際に子どもの立場から安全管理や事故防止を考える際に役立ちます。子どもの口に何が入るのか？　子どもには何がどう見えているのか？　を想像することは、意外と難しいものです。こうしたグッズを使って子どもの立場を体験してみることで、気がつかなかったことに気がつけるようになります。

　2つのグッズを使ったワークを第5章1で紹介していますので、ぜひ、研修で作って、体験してみましょう。保育者それぞれの気づきを全員で共有することで、学びがさらに深まります。

02 安全計画の必要性と作り方

2023年4月1日から安全計画の策定が義務化されました。安全計画の必要性と作り方を理解し、よりよい計画を作りましょう。

▶ 安全計画の必要性

安全計画が必要な理由は3つあります。

第1に、**安全管理の全体像を把握する**ことができるからです。一定の様式、たとえば厚生労働省が示している様式に即して計画を作れば、安全管理を考えるうえで必要な項目を網羅できるでしょう。

第2に、安全計画を作ることで**入念な準備につながる**からです。計画を作る際にあれこれ考えることで、あらかじめすべきことや必要なものを考えることになり、入念な準備につながります。

第3に、**安全管理の質が向上する**からです。安全計画と実際の活動を比較することで、課題や改善点をいっそう明確にでき、安全管理の質向上につなげることができます。

▶ 安全計画とPDCAサイクル

安全計画とPDCAサイクルはどのような関係にあるのでしょうか。厚生労働省「保育所等における安全計画の策定に関する留意事項等について」には、「施設長等は、PDCA サイクルの観点から、定期的に安全計画の見直しを行うとともに、必要に応じて安全計画の変更を行うものとする」と示されており、**安全計画はPDCAサイクルのスタート**に位置づけられています。

安全管理のPDCAサイクルで重要なことは、計画を作って終わりにするのではなく、**計画に基づいて活動を行い、PDCAサイクルを回し続ける**ことです。計画は計画にすぎないため、活動を通して得た気づきや学びを踏まえて、計画を柔軟に変えていくことが大事です。これが、PDCAサイクルを回すということです。

■ PDCA サイクル

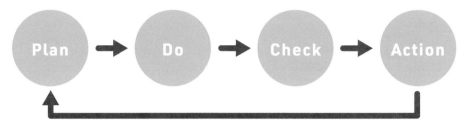

P：計画　　ガイドラインや園の実情を踏まえた安全計画を作成する
D：実行　　作成した安全計画に沿って実際に活動する
C：評価　　計画通りに実施できたか、活動が有効であったかをチェックする
A：改善　　評価の内容を参考に改善内容を考える

このサイクルをくり返すことで、計画の質が上がり、事故防止の効果を高めることができます

▶ 安全計画の作り方

安全計画を作る際は、次の3つを意識することでよりよい計画になります。

第1に、園長・施設長だけではなく、職員全員で作ることです。職員全員で作ることで、園全体の安全に対する意識を高めることができますし、安全管理を自分事にすることができます。

第2に、計画を作る際に、思いついたことや気になっていることは何でも発言できる雰囲気を作ることです。職員は経験も立場も様々ですから、ものの見方も様々です。様々な視点から安全について考えることで、見落としを減らし、きめ細かな安全管理につながります。

第3に、具体的な行動ベースで書くことです。「遊具を点検する」ではなく、「遊具に破損がないか、実際に遊具を触りながら確認する」と書くことで、具体的に何をすればよいのか明確になります。具体的な行動ベースで書いておくと、「使える計画」になります。

振り返り（PDCAサイクルのC：評価）の際には、活動を通して得た気づきや学びを安全計画に直接書き込んでいくとよいでしょう。書き込みされた安全計画を職員全員で読み合うことで、安全管理の質を高めるヒントが得られるはずです。

安全計画の実例 （資料提供：愛児園平川保育所）

愛児園平川保育所保育所安全計画

◎安全点検

（1）施設・設備・園外環境（散歩コースや緊急避難先等）の安全点検

　＊各保育室、園庭や遊具等の点検は1ヵ月に一度行う。

　＊園外環境については、園外保育時に事前に下見を行い（下見時チェック表を活用）安全面に対する環境を
　　確認、周知徹底を行う。

（2）マニュアルの策定・共有

①

分野	策定時期	見直し（再点検）予定時期	掲示・管理場所
重大事故防止マニュアル ・午睡 ・食事 ・プール・水遊び ・園外活動 ・災害時マニュアル ・119番対応時マニュアル ・救急対応時マニュアル ・不審者対応時マニュアル	平成26年危機管理マニュアル策定（以降訓練時等に活用後、振り返りを行い、順次見直しを行う） ↓ 平成30年各マニュアルを一冊にまとめる。（避難訓練時や園外保育時などの気づきを活用し順次見直しを行っていく。	・今後も訓練時や職員会議時などに振り返りを行い、より実践に生かせる内容になるよう意見を出し合う。（一年に一度は行う）	各クラスへ危機管理マニュアルの冊子を配布。新年度には全職員が目を通すことができるように周知徹底を行う。

◎児童・保護者に対する安全指導等

（1）児童への安全指導（保育所の生活における安全、災害や事故発生時の対応、交通安全等）

　＊毎月の避難訓練時に防災について（火事、地震、台風、水害、不審者等）の安全指導を行う。
　　（避難訓練計画表参照）

　＊交通安全指導については、園外保育・交通安全教室を通して道路の歩き方や横断歩道のわたり方、安全に
　　対する意識を高める関わりを行う。また適時、大型絵本や紙芝居、DVD等を活用して視覚的にもイメー
　　ジを持つことが出来るようにする。

②

　＊外部講師による交通安全教室を行う（不定期）

　＊園だより等で、交通安全について周知する。

（2）保護者への説明・共有

　＊年数回の防災だよりを発行。避難訓練や消火訓練へ子どものたちがどのように参加しているかを写真など
　　を通して、知らせる。また、防災に役立つ内容を発信し家庭でも取り組んでみるように呼びかけたりする。

◎訓練・研修

（1）訓練のテーマ・取組

月	4月	5月	6月	7月	8月	9月
避難訓練等 ※1	近隣火災	園内火災	引き渡し訓練	台風	地震	洪水
その他 ※2		119通報訓練 消火訓練	救急対応訓練 動画等活用			
月	10月	11月	12月	1月	2月	3月
避難訓練等 ※1	不審者	複合訓練 （地震＋火災等）	園内火災	強い地震	不審者	園内火災
その他 ※2	エピペン		119通報訓練 消火訓練			

※1 「避難訓練等」・・・設備運営基準第6条第2項の規定に基づき毎月1回以上実施する避難及び消火に対する訓練

※2 「その他」・・・「避難訓練等」以外の119番通報、救急対応（心肺蘇生法、気道内異物除去、AED・エピペン®の使用等）、不審者対応、送迎バスにおける見落とし防止等

（2）訓練の参加予定者（全員参加を除く。）

訓練内容	参加予定者
・早朝保育時訓練 ・居残り保育時訓練 ・土曜保育時訓練 ・誤食によるエピペン訓練	園児：20～30名程度 職員：2、3名～7名程度

（3）職員への研修・講習（園内実施・外部実施を明記）

＊防災士など専門家を交えての園内での危機管理対応の研修会（年数回）

＊2年に1回　消防署による応急手当講習への参加

3

事故に強い施設にするための仕組みづくり

103

（4）行政等が実施する訓練・講習スケジュール　　※所属する自治体・関係団体等が実施する各種訓練・講習スケジュールについて参加目途にかかわらずメモする

③

◎再発防止策の徹底（ヒヤリ・ハット事例の収集・分析及び対策とその共有の方法等）

④
・ヒヤリハットは各クラスにて園内図を基に行い、安全管理係が年4期に分けて集計を行い、分析をし園内で共有を図る。
・ほうれんそうの連携の大切さを職員間で共有し、メモや口頭での情報共有の徹底を図る。

◎その他の安全確保に向けた取組（地域住民や地域の関係者と連携した取組、登降園管理システムを活用した安全管理等）

⑤
・平川見守り隊研修会への参加（地域の防犯など安全対策の情報交換会）
・平川幼保小中合同の緊急時引き渡し訓練を行う。
（平川地域交流センター、平川見守り隊、平川交番、消防団、平川地区交通安全対策協議会、ひめやま学級などの機関との連携を図る）

① 安全点検・事故防止マニュアル

　実例のように、安全点検の内容は毎月ほぼ同じであるのなら、月別に記載する必要はありません。また、各種マニュアルは別々ではなく、一冊にまとめてもよいでしょう。

② 児童・保護者への安全指導等

　児童・保護者への安全指導も、月齢別や月別に書くのではなくまとめて書くのもよいでしょう。大事なことは、計画を細かく作ることではなく、職員全員が計画に書かれていることを理解し、確実に実行できるように作ることです。

③ 訓練・研修

　避難訓練はいつ何をしてもよいというのではなく、「7月は台風被害が多い」など、その月やその地域に特徴的な避難訓練を実施することが大事です。

④再発防止策の徹底

　再発防止のために最も大事なことはヒヤリハット分析です。ヒヤリハットを集めて確認し合って終わりにするのではなく、なぜヒヤリハットが起こったのかという原因分析を徹底しましょう。

⑤その他の安全確保に向けた取り組み

　これまで行ってきた地域連携を継続していくだけではなく、そもそもどのような地域連携があると園・子どもの安全性をいっそう高めることができるかという、望ましい姿を想像することも大事です。

03 事故防止チェックリストの作り方

事故防止のためのチェックリストを作っておくと、点検が迅速、容易になります。こうしたチェックリストの作成も、仕組み化の一部です。

▶ なぜチェックリストが必要か？

　園では様々な場面で事故や怪我が起きます。そのすべての場面を記憶しておき、記憶に頼って点検することはとても危険です。なぜなら、どこかに点検漏れが発生し、それが気づかないまま大きなリスクになってしまうからです。

　そこで、点検する場面を網羅した、事故防止のためのチェックリストを用意しましょう。チェックリストを使って点検することで、点検漏れを防ぐことができます。チェックリストには、点検漏れを防ぐだけではなく、点検を迅速にしたり、点検結果を共有したりしやすくするメリットもあります。

▶ すぐに、効果的なチェックリストを作るコツ

　チェックリストは、ゼロから作る必要はありません。既存のチェックリストを参考にしながら、園の実情に合わせて作ればよいのです。たとえば、事故防止ガイドラインには、0歳から5歳までの「年齢別のチェックリスト」が掲載されています。このチェックリストから必要な項目を抽出・改変して作り、自園のチェックリストとして使えばよいのです。

　園の実情に合わせる際は、2つのことに留意するとよいでしょう。1つは、職員全員でチェックリストを作ることです。職員全員で作ることで、点検事項の見落としを防ぐことができます。もう1つは、これまで作成してきたヒヤリハット報告書や事故報告書を見ながら点検する項目を作ることです。こうした報告書を確認することで、その園だからこそ起こりやすい事故や怪我を踏まえた点検項目を作ることができます。

事故防止チェックリストの作り方

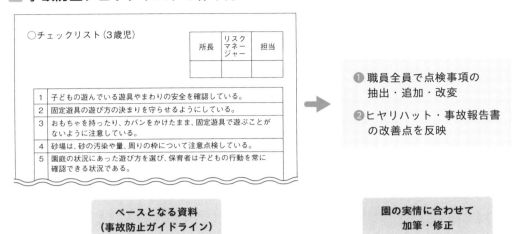

○チェックリスト（3歳児）

	所長	リスクマネージャー	担当

1	子どもの遊んでいる遊具やまわりの安全を確認している。
2	固定遊具の遊び方の決まりを守らせるようにしている。
3	おもちゃを持ったり、カバンをかけたまま、固定遊具で遊ぶことがないように注意している。
4	砂場は、砂の汚染や量、周りの枠について注意点検している。
5	園庭の状況にあった遊び方を選び、保育者は子どもの行動を常に確認できる状況である。

❶ 職員全員で点検事項の抽出・追加・改変

❷ ヒヤリハット・事故報告書の改善点を反映

ベースとなる資料
（事故防止ガイドライン）

園の実情に合わせて
加筆・修正

チェックリストの点検後が大事！

　チェックリストを使って、漏れのないようにきめ細かく点検することは大事なことです。ですが、点検するだけ（点検して終わりにする）では、効果的な事故防止とはいえません。事故防止が十分にできていない箇所を発見したら、「なぜだろう？」と原因を考え、対策を講じることで効果的な事故防止になります。

　たとえば、「おもちゃの取り合いなどの機会をとらえて、安全な遊び方を指導している」という点検事項に「×」がついたとします。このとき、最もダメな対応は「次から気をつけよう！」です。これが、点検して終わりにするということです。

　このような場合は、「なぜ遊び方の指導ができていなかったのか？」を様々な観点から考えます。子どもがおもちゃの取り合いをすると、「こうしたらどう？」と保育者がすぐに仲裁・提案をしてしまっているのかもしれません。もしそうなら、次は子どもが遊びを始める前に遊びのルールを確認しあう、特におもちゃの取り合いになったときにどうすればよいかをクラス全員で確認しあうという対策が考えられます。

　大事なことは、点検して終わりにしないことです。なぜうまくできていないかをしっかり考えて、対策を講じるようにしましょう。

04 事故防止マニュアルの作り方

事故防止マニュアルを作り、職員全員で共有しましょう。大事なことは、マニュアルを作って終わりにするのではなく、職員全員が共有することです。

▶ マニュアルが事故防止につながる！

　事故防止マニュアルを作り、職員全員で定期的に共有することで、事故防止につなげることができます。重大事故が起きた際に提出することになる「教育・保育施設等事故報告様式（事故再発防止に資する要因分析）」（第4章3を参照）にも、「事故防止マニュアルの有無」という項目があります。事故防止マニュアルが用意されているということが、事故防止につながるということを意味しています。

　事故防止マニュアルの名称は様々です。名称は何であれ、重大事故が起こりやすい睡眠中、プール活動・水遊び中、食事中の場面を中心に、室内や園庭で子どもが遊ぶ場面や園バスの乗降の場面、さらに散歩や遠足のような園外活動の場面で起こりやすい事故とその対策をまとめておきましょう。

▶ 園の実情にあう事故防止マニュアルを！

　事故防止マニュアルは、チェックリストと同様に、ゼロから作るのではなく、既存の資料を参考に作りましょう。事故防止ガイドラインには睡眠中、プール活動・水遊び中、食事中の場面で留意することがまとめてありますし、厚生労働省の通知「保育所等の園外活動時等における園児の見落とし等の発生防止に向けた取組の徹底について」では散歩や公園で遊ぶ際に留意することがまとめてあります。

　こうした資料をそのままファイリングするのではなく、資料に記載されていることを参考にしながら、園の実情に即したマニュアルを作りましょう。園の環境は様々です。だからこそ、その園ならではの事故防止マニュアルを作ることが大事なのです。

◻ 事故防止マニュアルの作り方

Point　窒息リスクの除去の方法

- 医学的な理由で医師からうつぶせ寝をすすめられている場合以外は、乳児の顔が見える仰向けに寝かせることが重要。何よりも、一人にしないこと、寝かせ方に配慮を行うこと、安全な睡眠環境を整えることは、窒息や誤飲、けがなどの事故を未然に防ぐことにつながる。

- やわらかい布団やぬいぐるみ等を使用しない。

- ヒモ、またはヒモ状のもの（例：よだれかけのヒモ、ふとんカバーの内側のヒモ、ベッドまわりのコード等）を置かない。

- 口の中に異物がないか確認する。

❶ 園の環境等を考慮してマニュアルの記載内容を検討

❷ 職員全員での読みあい
※経験や気づいたことを加える
※職員のものの見方（SDGのSee）を変える

ベースとなる資料
（事故防止ガイドライン）

園の実情に合わせた
「睡眠時の事故防止マニュアル」

▶ 事故防止マニュアルを読みあいましょう！

　事故防止マニュアルを作って終わりにするのでは、事故防止につながりません。マニュアルを職員全員に周知・徹底する必要があります。特に、職員の異動や入れ替えがあった際は、すみやかにマニュアルを共有する必要があります。

　具体的には、第5章2で紹介しているように、園内研修会や職員会議で、職員全員で事故防止マニュアルを読みあうとよいでしょう。その際、保育者各自が行っている事故防止につながるような工夫や対策も紹介しあうとよいでしょう。同僚の取り組みから学べることはたくさんあります。

　こうして、職員全員で事故防止マニュアルを定期的に確認することで、安全管理や事故防止に対する意識を高めることができます。すでに説明したように、行動を変えるためにはものの見方を変える必要があります。マニュアルを読みあうことで、安全管理や事故防止に対するものの見方を適切なものに変えていくようにしましょう。

　なお、事故防止マニュアルを共有した際は、会議日や時間、内容、参加者の署名や押印などを文章で残しておくとよいでしょう。こうした文章が、日ごろからマニュアルをきちんと共有しているという証拠になるからです。

05 安全教育のポイント①
子どもの安全意識を高める

事故防止のためには、保育者が様々な対策を講じるだけではなく、子ども自身が安全に対する意識を高められるようにすることも大事です。

▶ 危険を察知し、回避する力をつける

子どもが事故にあわないために、保育者は様々な対策を講じる必要があります。ですが、それだけでは十分ではありません。**子ども自身が危険を察知し、回避する力を身につける**必要もあるのです。

事故防止ガイドラインには、「子どもの発達や能力に応じた方法で、子ども自身が安全や危険を認識すること、事故発生時の約束事や行動の仕方について理解させるよう努める」と、**子どもに対する安全教育の必要性**が示されています。

▶ 日々の保育を大事にする

安全計画の項目にも、子どもに対する安全教育の内容を記載する箇所があります（詳細は第3章2を参照）。ですが、何より大事なことは、**日々の保育者との関わりを通して、子ども自身が安全に対する意識を高めていく**ことです。

たとえば、保育者による絵本の読み聞かせを通して、子どもが交通ルールを学べるようにするのもよいでしょう。安全に対する意識を高める絵本や紙芝居はたくさんあります。

また、公園に向かって散歩する際に、危険な箇所はどこか、どうやって回避するかを子どもに伝えるのもよいでしょう。いつも、どんなときも、**保育者が子どもと手をつないで歩いているようでは、子ども自身が危険を察知し、回避する力を育むことはできません。**保育者が「過保護な」対応をし続けるのは、長期的に見れば、子どもの育ちにとって有益にはならないのです。適切なタイミングで保育者は子どもの手を離し、子どもが自分で判断しながら歩けるようになることが大事なのです。

☐ 子どもの安全意識を高める絵本・紙芝居

絵本	『たろうのおでかけ』『あっ！じしん』『火にきをつけて、ドラゴンくん』
紙芝居	『あそびながらあるいちゃだめ』『やくそくしようよ、とびだしきんし！』『じてんしゃ　ももたろう』

╲╿╱
（ポイント）

「保育所保育指針」における子どもへの安全教育

「保育所保育指針」の領域・健康の内容にも「危険な場所、危険な遊び方、災害時などの行動の仕方が分かり、安全に気を付けて行動する」というように、子ども自身が危険を察知し、回避する行動を身につけることの大切さが示されています。

▶ 子どもに対する安全教育の３つのポイントとは？

　子どもに対する安全教育が必要とはいうものの、「だめ！」「こうしなさい！」というように無理やり教え込むようなやり方をしても、安全に対する子どもの意識は高まりません。そこで、子どもに対して安全教育をする際は、３つのポイントを意識してみましょう。

　１つめは、必要性です。なぜ安全を意識した行動をし、事故防止につなげることが大事なことなのかを子どもが理解できるようにするのです。「気をつけて！」と保育者が言うだけではなく、その理由を子どもがきちんと理解できるようにするのです。

　２つめは、意欲・やる気です。きちんとルールを守ろう、安全に対する意識を高めようという意欲がわかなければ、子どもは必要性を理解していても、具体的な行動としてあらわれてきません。子どもの「やる気スイッチ」をしっかり押すようにしましょう。

　３つめは、方法・やり方です。危険を察知した際、具体的にどのように行動すればよいかを子どもが理解できるようにしましょう。多くの園で定期的に行っている避難訓練は、そのよい例です。危険を察知した際、何をすればよいのか、どのような行動がのぞましいかを子どもに伝えるようにしましょう。

　この３つのポイントを押さえることで、より効果的な安全教育になります。

06 安全教育のポイント② 保護者との連携

安全に対する子どもの意識を高めるためには、保護者の協力が必要です。保護者と連携して、よりよい安全教育を目指しましょう。

園と家庭の連携が大事

安全に対する子どもの意識を高めるためには、**保護者の協力が欠かせません**。園で丁寧な安全教育をしていても、家庭で危険な行動が容認されているというのでは、安全や事故防止に対する子どもの意識は高まりません。そのため、安全に対する園の方針や園で実施していることを保護者に伝えていく必要があるのです。

事故防止ガイドラインには「家庭における保護者の行動や教育により、子どもが**安全な生活習慣を身に付ける**ことができるよう保護者と連携を図る」、保育所保育指針解説には「子どもが家庭においても安全な生活習慣を身に付けることができるよう、保護者と連携を図るとともに、交通安全について学ぶ機会を設けるなど、地域の関係機関と連携して取り組むことも重要である」と、保護者の協力の必要性が示されています。

保護者だからこそできることを伝える！

子どもにとって学びになる事故や怪我があります。保育者から100回説明を聞くよりも、1回痛い目にあうほうが、ずっと多くのことを学べることもあるのです。とはいっても、園では子どもの学びになるからという理由だけで事故や怪我を見過ごすことはできません。子どもを登園時に預かった状態のまま降園時に保護者に引き渡すのは、園の基本的なルールです。

だからこそ、**保護者の役割が大事なのです**。子どもにとって学びになる痛い目を提供できるのは、保護者しかいません。家庭でしか経験できないのです。保護者に対して安全教育をする際は、子どもにとって学びとなるような怪我までも先回りして止めてしまうのではなく、広場や公園で「安全に」怪我をする経験を用意したり、自宅にある危険な箇所を子どもと話し合ったりして、保護者だからこそできることを伝えるとよいでしょう。

痛い！から学ぶこと（こころちゃんの例）

　息も白くなる寒い冬。3歳の娘と私は、冬でも片道50分かけて保育園に歩いて行きます。外は寒いので、手をポケットにいれて歩く娘の姿があります。きっと保育園の先生は、「手はどこにあるかな？」、「ポケットに手を入れてあるくと危ないよ！」という言葉をかけるでしょう。子どもがケガをしないようにこのような対応をするのは、保育の基本です。

　ですが、親である私はそうはしません。ある日曜日、娘と散歩をしていると、やはりポケットに手をいれていました。私は、縁石の上を歩く娘の様子をしっかり見ながら、その先の道の様子をしっかり確認しながら、娘が転ぶのを待っていました。すると、縁石から片足が落ちて、前のめりになるように転んでしまいました。ほっぺに擦り傷ができて、血もでて、娘は大泣きでした。娘が泣き止んで、気持ちが落ち着いてから、「ポケットに手をいれていなかったら、どうなっていたかな？」、そう娘に問いかけました。翌日から、娘はポケットに手をいれて歩くことがなくなりました。

　子どもが痛い目にあうということは大事なことです。そこから、自分なりに考えて、自分なりに学ぶからです。100の説明を聞くより、1回の痛い目のほうが、ずっと学ぶことが多いのです。保育者は、その立場上、子どもがケガをしないように細心の注意を払っていますから、子どもが痛い目にあわないようにします。だから、子どもが痛い目から学ぶということは、親にしか用意できないことなのです。取り返しのつかない大きなケガにつながらないように気をつけつつ、子どもが痛い目にあう経験を用意することも、子どもが自分で学ぶ、自分で自分のことを振り返るためには必要なことなのです。

　そういえば、先日、娘に「お父さん、ポケットに手をいれて歩くと危ないよ！」と注意されました。私にも痛い目にあう経験が必要なのかもしれません。

07 避難訓練の計画と実施のポイント

避難訓練は、やればよいというものではありません。保育者と子ども双方にとって学びになるようなやり方をする必要があります。

▶ 多様な場面を想定した避難訓練を！

避難訓練は、実際に事故や災害が起きた際に適切な対応をするために欠かせない訓練です。だからこそ、単にやればよいというものでなく、**学びの多い避難訓練になるように工夫する**ようにしましょう。

工夫の1つとして、避難訓練の計画を作る際は、**多様な場面を想定する**とよいでしょう。子どもが園庭で遊んでいる際に地震が発生した場面や給食を食べている際に火災が発生した場面など、様々な場面を想定して計画を作るのです。地域によっては大雨の後に河川氾濫が多く発生するところもあります。このような場合は、火災発生を想定した避難訓練ばかりではなく、河川氾濫を想定した避難訓練も適宜行いましょう。

毎月の避難訓練が**園や地域の実情に適した多様な内容になっているか**という視点から、自園の避難訓練を見直してみましょう。

▶ 避難訓練の「前後」も大事！

避難訓練から災害時の対応や避難方法を子どもが学ぶためには、**避難訓練の前後が大事です**。避難訓練の前後に、実施する（した）避難訓練の内容と関係のある絵本や紙芝居を読んだり、保育者との対話を通して避難訓練を振り返ったりすることで、避難訓練からより多くのことを学べるようになります。

子どもにとって、避難訓練を通して繰り返し災害発生時の対応の練習をすることは大事ですが、ともすると「避難訓練慣れ」によってただこなすだけになってしまうこともあります。そうならないために、**避難訓練の前後の保育を見直し**、避難訓練から多くのことを学べるようにする方法を考えてみましょう。

避難訓練の義務

　保育所における避難訓練の実施は消防法で義務付けられています。また、「児童福祉施設の設備及び運営に関する基準」の第6条第2項には「前項の訓練（注：避難訓練）のうち、避難及び消火に対する訓練は、少なくとも毎月1回は、これを行わなければならない」とあり、避難訓練は少なくとも月1回は行わなくてはならないと規定されています。

▶ まずは、マニュアル通りに行動できるか確認する

　「保育所保育指針解説」には、「災害は予想を上回る規模で起こることもあり得るため、「想定」にとらわれず、その時の実際の状況を見ながら判断し、より適切な行動をとる必要についても、全職員が理解していることも重要である」とあり、災害時の柔軟な対応の必要性が示されています。

　災害時は想定していないことも多く発生するでしょうから、柔軟な対応が必要なことは言うまでもありません。ですが、避難訓練では**まずはマニュアル通りに行動できるかを確認しましょう**。災害時のマニュアルの性質上、災害発生時に被害を最も小さくする方法がマニュアルに記載されているのですから、**まずはマニュアル通りに行動できる練習をする**ことが大事なのです。

　避難訓練を通してマニュアルに不備や課題が見つかれば、その解決策を考えて、**マニュアルを適宜修正し、職員全員に新しいマニュアルを周知・徹底していく**ようにしましょう。マニュアルを理解する→避難訓練で実践する→マニュアルを修正する→職員全員に周知・徹底するというサイクルが大事なのです。

08 ヒヤリハット報告書の作り方①報告書の準備

ヒヤリハット報告書は、事故や怪我を防止するためのヒントがつまった重要な資料です。必要な項目がそろった書式を用意しましょう。

▶ 必要な項目がそろった報告書を用意する

ヒヤリハットを記入する際、自由帳のような白紙に記入していませんか？　実は、このやり方ではヒヤリハットから教訓を得ることができないこともあります。なぜなら、記入漏れが発生する可能性があるからです。大事なことを書き忘れたり検討し忘れたりすることで、ヒヤリハットから教訓を得られないことがあるのです。

そこで、ヒヤリハット報告書として、書くべき項目が網羅された書式を用意しましょう。書くべき項目には、ヒヤリハットが発生した状況、原因、対策、報告者、報告日などがあります。このように、あらかじめ項目が決まっている書式をヒヤリハット報告書として使うことで、大事なことを書き忘れたり検討し忘れたりすることを防止することができます。

▶ ヒヤリハットは書いて終わりではなく、共有が大事！

ヒヤリハット報告書を書いて終わりにしていませんか？　ヒヤリハットから教訓を得て、職員全員の安全に対する意識を高めるためには、ヒヤリハット報告書を書いた後が大事です。そう、ヒヤリハットを職員全員で共有するのです。

ヒヤリハットの共有の際、報告者の報告をただ聞いているだけでは、ヒヤリハットから十分に学んだとは言えません。「自分の保育でも同じことは起きないか？」「ヒヤリハットの原因として他の原因は考えられないか？」「子どもの主体性を尊重した対策になっているか？」のように、報告されるヒヤリハットを「自分事化」して聞くことが大事です。

そのためにも、ヒヤリハットを共有する際は、口頭で報告するだけではなく、ヒヤリハット報告書のコピーを参加者に配布して、報告書を読みあいながら報告するとよいでしょう。報告書に自分の意見や視点を書きこんでいくことで、「自分事化」しやすくなるからです。

◻ ヒヤリハット報告書の準備のポイント

ヒヤリハット報告書の様式は様々です。ここでは、参考例を1つ提示します。

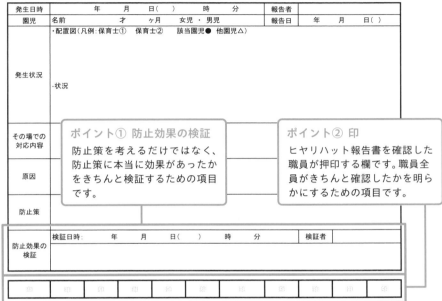

ヒヤリハット報告書

発生日時	年　月　日（　）　時　分		報告者	
園児	名前　　　才　　ヶ月　女児・男児		報告日	年　月　日（　）
発生状況	・配置図（凡例：保育士①　保育士②　該当園児●　他園児△） ・状況			
その場での対応内容	**ポイント① 防止効果の検証** 防止策を考えるだけではなく、防止策に本当に効果があったかをきちんと検証するための項目です。		**ポイント② 印** ヒヤリハット報告書を確認した職員が押印する欄です。職員全員がきちんと確認したかを明らかにするための項目です。	
原因				
防止策				
防止効果の検証	検証日時：　　年　月　日（　）　時　分		検証者	
	印	印	印	印	印	印	印	印	印	印	印

大事なことは、他園の様式をそのまま取り入れるのではなく、自園の実情に合うように改変するということです。自園ならではのヒヤリハット報告書を作ってみましょう！

▶ 他の施設のヒヤリハットから学ぼう

　事故防止に関する知識や視野を広げるために、ヒヤリハットの事例集を読むことをオススメします。たとえば、内閣府による「教育・保育施設等におけるヒヤリ・ハット事例集 2023年3月」には、保育所や幼稚園で起こったヒヤリハットがまとめてあります。また、東京都による「令和2年度ヒヤリ・ハット調査「誤飲等による乳幼児の危険」調査報告書」には、家庭で起こったヒヤリハットがまとめてあります。後者の資料は、居宅訪問型保育者だけではなく、保護者に対する安全教育の資料にもなるでしょう。これら以外にも、様々なヒヤリハットの事例集があります。156ページに事例集にアクセスできるQRコードが掲載してありますので、ぜひ読んでみてください。

09 ヒヤリハット報告書の作り方②要因分析

ヒヤリハットから教訓を得るためには、「なぜヒヤリハットが起きたのか？」という要因分析が何より大事です。要因分析のコツを学びましょう。

▶「コインの裏返し」のような対策はダメ！

「子ども同士が衝突しそうになった。次は衝突に気をつけるように子どもに声をかける」。こうした、「コインの裏返し」のような対策を考えていませんか？　これでは、ヒヤリハットから教訓を得ることができません。大事なことは、「なぜヒヤリハットが起きたのか？」という原因（要因）をしっかり分析し、そのうえで対策を講じることです。

▶要因分析の際は、フレームワークを使う！

ヒヤリハットの原因をさぐる（要因分析の）際に、当てずっぽうや思いつくことを列挙するだけでは本当の原因を見逃してしまうことがあります。そこで、要因分析に役立つフレームワークを使うとよいでしょう。フレームワークとは、要因として考えられる項目を整理したものの見方のことです。

フレームワークの1つがSHELモデルです。SHELモデルとは、次ページの4つの面に不備や問題がなかったかを考える視点です。

SHELモデルは、内閣府の「事故再発防止に資する要因分析」にも採用されています。また、人的面では、ヒヤリハットの当事者と当事者以外を分けるモデルもあります。

▶要因分析の際に見落としがちなこととは！？

ヒヤリハットの要因分析に見落としがちなことが、2つあります。

1つは、保育者の体調です。体調が悪いと、保育者の動きや判断が悪くなったり、集中力が続かなくなったりし、ヒヤリハットが起こりやすくなります。拙著『安心して仕事を任せられる！新人保育者の育て方』（翔泳社、2022年）でも伝えたように、よい保育をするために

Software（ソフト面）：マニュアル、園内外の研修会、
　　　　　　　　　　　職員配置、価値観や雰囲気
Hardware（ハード面）：施設・設備、仕組み・システム
Environment（環境面）：保育の環境
Liveware（人的面）：保育者の知識、スキル、意欲

ヒヤリハットの要因は様々です。SHELモデルを使うことで、「コインの裏返し」ではない、
多面的な要因分析をすることができるようになります。

ヒヤリハット報告書は始末書ではない！

　ヒヤリハット報告書は事故防止のヒントがつまった重要な資料なのですが、これを始
末書のようなイメージでとらえている保育者がいます。ヒヤリハットは保育をしていれ
ば必ず発生します。だから、ヒヤリハットがない（少ない）ことが必ずしもよいことで
はありません。大事なことは、保育ではヒヤリハットは常に起こることを理解し、ヒヤ
リハットが起こった際は要因分析をし、そこから教訓を得ることです。

は、「心技体」ではなく、**「体技心」が大事です**。体力があって、体調がよくてはじめて、保
育の技術を身につけることができ、技術を身につけることで心にゆとりがでてくるからです。
　もう1つが、**職場の人間関係や職場の雰囲気**です。同僚との関係がギクシャクしていると、
保育に集中できなかったり意欲や気持ちが前向きにならなかったりして、ヒヤリハットが起
こりやすくなります。職場の人間関係や雰囲気は保育者一人の力で簡単に変えることはでき
ないでしょう。だからといって、「仕方がない！」と投げやりになってしまうのではなく、自
分が子どもの命を守るためにできることは何かをしっかり考え、行動に移すことが大事です。
志の高い保育者の行動がきっかけで、職場の人間関係や雰囲気が変わることもあるのです。

3

事故に強い施設にするための仕組みづくり

10 事故報告書の作り方

事故報告書は、事故や怪我が起こった際に記入する書類です。ヒヤリハット報告書との共通点や相違点を理解しましょう。

▶ 事故報告書とヒヤリハット報告書は違う！

　事故報告書は、事故や怪我が発生した際に記入する書類です。一方で、ヒヤリハット報告書は、事故や怪我が発生しなかったものの、一歩間違えれば発生していたという際に記入する書類です。ですから、**両者の書類はまるで役割が異なります**。事故報告書とヒヤリハット報告書を同一の書類で兼務するのは好ましくなく、それぞれ別の書類として用意する必要があります。

　なお、打撲や擦り傷の有無の確認項目があるヒヤリハット報告書が見本として掲載されている書籍もありますが、好ましくありません。打撲や擦り傷の発生は、ヒヤリハットではなく実際に起きた怪我なのですから、事故報告書に記入しなくてはなりません。

▶ ヒヤリハット報告書との共通点もある

　事故報告書とヒヤリハット報告書は別物であると説明しましたが、共通点もあります。

　たとえば、事故報告書も、ヒヤリハット報告書と同様に、**書くべき項目をあらかじめ決めておく必要**があります。事故や怪我が発生した際に、無地のノートに書いていくことは好ましくありません。

　また、ヒヤリハットの要因分析は、**事故や怪我が発生した際の要因分析にも活用**できます。SHEL モデルは、ヒヤリハットだけではなく、実際に事故や怪我が発生した際にも使えるフレームワークです。

　このように、事故報告書とヒヤリハット報告書は別物ではありますが、双方に共通することもあります。

◻ 事故報告書から学ぶ方法

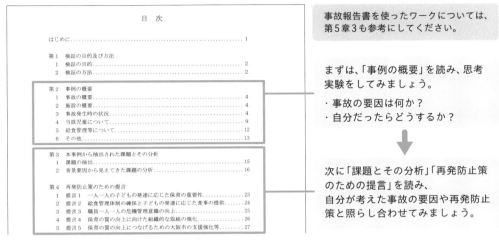

事故報告書を使ったワークについては、第5章3も参考にしてください。

まずは、「事例の概要」を読み、思考実験をしてみましょう。

・事故の要因は何か？
・自分だったらどうするか？

次に「課題とその分析」「再発防止策のための提言」を読み、
自分が考えた事故の要因や再発防止策と照らし合わせてみましょう。

出典：「大阪市教育・保育施設等における重大事故検証報告書（案）」（2021年1月）

▶ 公表されている事故報告書から学ぶ

　保育中に子どもが死亡する重大事故が起こると、自治体は事故の詳細をまとめた報告書を公表します。こうした事故報告書から学べることはたくさんあります。たとえば、大阪市では、子どもがりんごとハンバーグをのどに詰まらせて死亡した事故がありました。「大阪市教育・保育施設等における重大事故検証報告書」として報告書が公表されています。

　事故報告書から教訓を得るためには、思考実験と追体験が大事です。思考実験とは、報告書に記載されている情報をもとにしてあれこれ考えることです。「自分だったらどうしたか？」「もしも状況がこうだったらどうなったか？」「見落としている要因はないか？」のように思考実験をすることで、事故・怪我防止に関する幅広い視点や知識を得ることができます。

　追体験とは、事故の当事者（主に保育者）の立場になって、その気持ちや思いを考えることです。「その場でそういう対応をせざるを得なかったのはなぜか？」「どのような気持ちで対応したのか？」のように当事者の立場から追体験することで、事故を自分事化して考えることができ、深い学びを得ることができます。

　様々な可能性を考える思考実験と事故を自分事化する追体験を通して、事故報告書からしっかりと教訓を得るようにしましょう。

3

事故に強い施設にするための仕組みづくり

コラム

Fail Safe思考で事故防止の仕組みを考えること！

　安全学の中に、Fail Safe（フェール・セーフ）という考え方があります。**Fail Safe 思考とは、人間はミスを犯すものであり、それゆえにミスや事故が起こることを前提にして安全対策を考えるということです。**保育にひきつけて言えば、保育中に事故が発生したとしても被害が最小限になるような仕組みや対策を講じておくことといえます。

　この原稿を書いている時点では、園バスに子どもを置き去りにする事故が続きました。この事故を受けて、車内の子どもを感知して警報を発するブザー・センサーのような安全装置の導入が義務化されました。こうした仕組みがあれば、子どもが車内に置き去りになっていることを保育者が見落としても、保育者と保護者の連絡に行き違いがあっても、ブザー・センサーが子どもを感知することで、子どもを発見することができます。子どもが車内に置き去りになったものの、大事になる前に子どもを発見できるのです。これが、Fail Safe 思考です。

　事故を起こさないためにはどうしたらよいかを考えるだけではなく、事故が起こった場合どうすれば被害を最小限にできるかも考えることが、よりよい安全対策につながります。

第 **4** 章

事故後の対応と
保護者コミュニ
ケーション

01 事故発生直後は慌てず、決まった手順で対応する

事故発生直後は、どのような順番で対応すればよいでしょうか？　慌てて対応するのではなく、手順を守って対応することが大事です。

事故発生直後の対応の手順

事故発生直後は迅速な対応が求められます。とはいっても、慌てて対応したのでは、被害を大きくしたり二次的な事故を起こしたりして、かえって事態を悪化させてしまいます。そこで、**事故発生直後の対応の手順や留意事項を事前に理解しておく必要があります**。

事故発生直後は以下の手順で対応します。

---

① 子どもの生命を優先し、心肺蘇生や応急処置、119番通報をする。
② 二次的な事故を起こさないために、事故の状況を正確に把握する。
③ 子どもの不安を軽減するように対応する。
④ 施設長や主任とともに保護者に連絡する内容を整理し、連絡する。

事故発生直後は保育者も動揺・混乱しがちです。**動揺・混乱は事態を悪化させる原因になります**。自分の気持ちを落ち着かせるためにも、上の手順に沿って対応することが大事です。

受診の判断に迷う場合は受診する

子どもが事故に巻き込まれたけれども、目立った外傷はない、元気に過ごしているという場合、受診に迷うことがあります。ですが、**受診させるべきか否か悩んだ場合は、受診させるようにしましょう**。特に、**頭部に強い衝撃を受けた場合**は、目立った外傷がなくても、原則として受診させるようにしましょう。なぜなら、頭部に強い衝撃を受けた場合、衝撃を受けた直後だけではなく、衝撃を受けてからしばらくしてから体調不良などの異変が生じることがあるからです。

> ## 子どもを動揺させない冷静な対応を！
>
> ・・・
>
> 事故発生直後は、保育者も動揺することがあります。子どもがぐったりしている様子や苦しんでいる様子を見れば、保育者も動揺するのは当然です。ですが、保育者が動揺した姿を子どもに見せないようにしましょう。保育者が動揺した姿を子どもに見せると、子どもはとても不安になり、子どもにも動揺が広がってしまいます。子どもが動揺し混乱すると、二次的な事故が発生しやすくなります。事故発生時は職員全員で対応し、冷静になるようにお互いに声がけしましょう。こうした声がけによって、職員全員で事故に対応するという意識や気持ちが芽生え、保育者一人ひとりの動揺を鎮めることにつながります。

▶ 事故発生現場は、そのまま保存しておく

　事故発生現場について、事故発生時ガイドラインには、「教育・保育中の事故の場合、事故に遭った子ども以外の子どもを事故が発生した場所と別の保育室等に移す。事故発生場所については、二次的な事故が発生する可能性がある場合を除き、片付け、物の移動等を行わない」と示されています。ポイントは2つあります。

　1つは、**事故にあった子ども以外の子どもを事故発生場所から移動させる**ことです。事故現場に子どもがいることで二次的な事故が起こったり、事故現場を見続けることで子どもが精神的なショックを受けたりすることがあります。そのため、事故発生場所からすみやかに子どもを移動させます。

　もう1つは、二次的な事故が発生する可能性がある場合を除いて、**事故発生場所はそのまま保存しておく**ことです。事故発生時のまま保存しておくことで、事故後に行われる現場検証をより正確な検証にすることができます。こうした検証から事故原因を明らかにして、そこから教訓を得て、同じ事故が起こらないようにするのです。そのため、事故発生場所は原則として事故発生時のまま保存しておくようにします。

02 事故記録作成の 6つの留意点

事故発生時の記録作成には、保育の記録や連絡帳の作成とは異なる留意点があります。事故発生時の記録ならではの留意点を理解しましょう。

▶ 事故状況の記録は重要な資料になる

適切に作成された事故状況に関する記録は、どのような状況で、なぜ事故が起きたのかを分析・検証し、今後の対策を考えるための重要な資料になります。そのため、適切に記録することが欠かせません。そもそも、事故発生時の記録を作成しておかないと、日に日に記憶は曖昧になったり変化してしまったりして、事故発生時の状況や原因を正確に分析・検証することができなくなります。人間の記憶は当てにならないことが多いものです。そのため、きちんと記録しておくことが大事なのです。それが、事故を二度と起こさないための対策の第一歩なのです。

▶ 記録作成時の6つの留意点

事故発生時ガイドラインには、事故状況の記録を作成する際は、以下の6つに留意するよう示しています。留意事項を遵守して記録を作成しましょう。

---

① ボールペンなどの、修正できない筆記用具で、紙に、手書きで記録する。
② 事故関係者一人ひとりが個別に記録する。
③ 記録する前や記録している最中には、他の職員と相談しない。
④ 書き終わったものを他の職員に見せない。他の職員が書いたものを見ない。書いた内容について話をしない。
⑤ 書き終わったものは、施設・事業所による保管の他、地方自治体との情報共有を図る。
⑥ 書いた後、本人が「間違った」「書き忘れた」場合には、元の記録用紙を加筆、修正するとともに、地方自治体との情報共有を図る。

記録の改ざん・捏造は絶対にダメ！

　記録を改ざん・捏造するようなことは絶対にしてはなりません。園の信頼を失墜させることは言うまでもなく、事故発生時の状況や原因を正確に把握することができなくなり、同種・同類の事故発生を防止するための教訓を得られなくなるからです。事故が発生したことは取り消せませんが、事故から何を学ぶかが大事なのです。それが、事故の被害者に対する償いの1つなのです。記録を改ざん・捏造するのは、事故からの学びの放棄であり、決して許されるものではないことは忘れないようにしましょう。

▶ 記録作成は1人で集中して行う

　先ほど掲載した6つの留意点の②から④について、なぜこのような留意点が示されていると思いますか。ポイントは3つあります。

　第1に、**事故状況を多面的に検証するため**です。事故が発生した際に、どの場所で何をしていたのかによって事故の見え方が異なります。また、職員それぞれによって着目している（いた）箇所は異なります。職員それぞれが見聞したことをありのまま記録することで事故状況を多面的にとらえることができ、その詳細や原因の把握につながりやすくなります。

　第2に、**記録の改ざん・捏造を防止するため**です。同僚と相談しながら記録を作ると、いつの間にか同僚の意見に引き寄せられてしまい、自分の記録が変わってしまうことがあります。ときには、園長や先輩から「こうだったよね！」と強い口調で言われ、記録を意図的に変えてしまうことも……。記録は職員一人ひとりで、同僚と相談しないで作成することで、事故状況の正確な記録作成につながりやすくなります。

　第3に、**気持ちを落ち着けるため**です。事故に遭遇すると気持ちが動揺し、心にゆとりがなくなります。そこで、きちんと記憶をたどりながら記録を作成することで、次第に冷静になり、気持ちを落ち着けることができます。

03 「教育・保育施設等事故報告様式」は いつ、どこに提出する？

重大事故が発生した際は、「教育・保育施設等事故報告様式」を作成し提出する必要があります。ここでは、いつ、どこに提出するのかを学びましょう。

▶ 「教育・保育施設等事故報告様式」とは？

重大事故が発生した際は、市町村などの自治体を経由して国に報告する必要があります。その際に必要になる書類が「教育・保育施設等事故報告様式」です。この書類は、事故発生日時、発生場所、状況などの発生した事故の概要を記入する書類と、事故の要因を様々な視点から分析（SHEL分析）した要因分析を記入する書類があります。

▶ いつ、どこに提出するか？

事故報告のタイミングは、第1報と第2報とに分けられます。

第1報は、原則事故発生当日、遅くとも事故発生翌日に行います。「教育・保育施設等事故報告様式」のうち事故の概要を記入する書類の一部（様式内の赤枠箇所）を作成・提出します。

第2報は原則1か月以内程度に行います。主に、事故の要因分析を記入する書類を作成・提出します。なお、状況の変化や必要に応じて、これ以降も追加報告をすることもあります。

報告先は、すべての施設・事業者が同じルートをたどるとは限りません。保育所や幼稚園、認定こども園のような特定教育・保育施設や特定地域型保育事業者は市町村へ、市町村は都道府県へ、都道府県は国へ報告します。

一方で、認可外保育施設や認可外居宅訪問型保育事業者は都道府県（場合によっては指定都市や中核市）へ、都道府県は国へ報告します。報告先は、自治体によって様々ですから確認しておきましょう。たとえば、千葉県の認可外保育施設は千葉県へ報告しますが、愛知県の認可外保育施設は施設が所在する市町村へ報告します。事故発生後に報告先を調べるのではなく、あらかじめ報告先を確認しておきましょう。

☐ 事故報告の系統

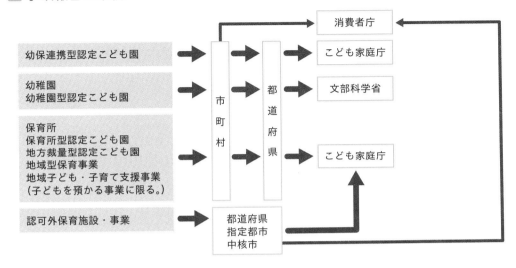

▶ 報告様式に関する３つの留意事項

　まず、**第１報で提出する書類内の記入できる箇所は「事故発生前に」記入しておくこと**です。第１報では、事故の概要を記入する書類の赤枠箇所を記入・提出します。赤枠箇所には、施設名や所在地、開設年月日、設置者、代表者名など、事故発生前からわかっていることを記入する箇所があります。事故発生時は慌ただしい状況になるでしょうから、記入できる箇所はあらかじめ記入しておくとよいでしょう。

　また、**要因分析は自治体の協力のもと実施し、保護者の了解を得てから報告すること**です。第２報では、事故の要因分析を記入する書類を作成・提出します。要因分析は容易なことではなく、施設・事業者だけで実施するのは難しいものです。そこで、自治体の協力を受けて分析し、報告書を作成しましょう。完成した報告書は、保護者説明会などを通して保護者に丁寧に説明し、了解を得てから報告先に提出しましょう。

　最後に、**園内研修会を通して報告書作成のシミュレーションをしておくこと**です。その際に役立つ資料がヒヤリハット報告書です。ヒヤリハットをヒヤリハットではなく、「実際に発生した事故」と想定し、要因分析をして報告書を作成してみるのです（詳細は第５章３を参照）。こうした経験をしておくと、実際に報告書を作成する際に、落ち着いて書くことができます。

事故報告書の書き方（事故概要）

教育・保育施設等　事故報告様式（Ver.2）　*水色枠内はプルダウンメニューから選択してください

事故報告日				報告回数			
認可・認可外				施設・事業種別			
自治体名	○○県 ○○市 （必ず都道府県名を入れてください）			施 設 名	○○○○○認定こども園		
所 在 地	○○市○○1－1－1			開設(認可)年月日	昭和○○年○月○日		
設置者 (社名・法人名・自治体名等)	○○法人○○会			代表者名	○○　○○		

①

在籍子ども数	0歳	1歳	2歳	3歳	4歳	5歳以上	学童	合計
	○○	○○	○○	○○	○○	○○	○○	○○

教育・保育従事者数		名	うち保育教諭・幼稚園教諭・保育士		名
うち常勤教育・保育従事者		名	うち常勤保育教諭・幼稚園教諭・保育士		名

保育室等の面積	乳児室	㎡	ほふく室	㎡	保育室	㎡	遊戯室	㎡
		㎡		㎡		㎡		㎡

発生時の体制			名	教育・保育従事者		名	うち保育教諭・幼稚園教諭・保育士	名
	異年齢構成の場合の内訳	0歳	名	1歳	名	2歳	名	3歳 名
		4歳	名	5歳以上	名	学童	名	

事故発生日			事故発生時間帯	
子どもの年齢(月齢) 所属クラス			入園・入所年月日	
子どもの性別			事故誘因	
事故の転帰			(負傷の場合)負傷状況	
(死亡の場合)死因			(負傷の場合)受傷部位	

病状・死因等 （既往歴）	【診断名】	SIDSについては確定診断が出された時のみ記載すること
	【病状】	SIDS疑いの場合は病状として記載してください
	【既往症】	病院名

特記事項 (事故と因子関係がある場合に、身長・体重、既往歴・持病・アレルギー、発育・発達状況、発生時の天候等を記載)	※事故と因子関係がある場合の、当該児童の教育・保育において留意が必要な事項(気管切開による吸引等の医療行為、経過観察中の疾病名等)についても、この特記事項へ記載してください
発生場所	
発生時状況	

130

②	発生状況 (当日登園時からの健康状況、発生 後の処置を含め、可能な限り詳細に 記入。第1報においては可能な範囲 で記入し、2報以降で修正すること)	（記載例） 15:20 本児はケーキ（縦2cm、横2cm、厚さ2cm）をほおばりながら食べるという食べ方をしていた。2つ目に手を伸ばし、食べていた。この時、担任保育士は少し離れた場所で他児の世話をしていた。 ケーキを食べた本児が急に声を出した泣き出した。保育士が口内に指を入れて、かき出していたが本児の脣が脣くなったことに気がついた。 15:25 看護師を部屋に呼んだ後、救急車を要請。口に手を入れ開かせた。背中を強く叩いたが、何も出てこない。泣き声が次第にかすれ声になり、体が硬直してきた。 看護師が到着した頃に、チアノーゼの症状が見られた。呼吸困難で、手は脱力した状態であると確認した。 看護師が脈をとるとかなり微弱で、瞳孔が拡大している。本児がぐったりとし、臓等が冷たいのを確認。心臓を確認すると、止まっている様に感じ、心臓マッサージを行う。 15:33 救急隊が到着し、心肺蘇生等を実施し、病院へ搬送。 15:45 病院到着。意識不明であり、入院。 〇月〇日 意識が回復しないまま死亡。
③	当該事故に 特徴的な事項	（記載例） 普段は0歳児クラスで保育していたが、この日は1歳児クラスと合同で保育していた。
	発生後の対応 (報道発表を行う(行った)場合には その予定(実績)を含む)	（記載例） ・園の対応 〇/〇 保育園において児童の保護者と面談 〇/〇 保育園で保護者説明会 〇/〇 理事会で園長が説明 ・市の対応 〇/〇 記者クラブへ概要を説明

※ 第1報は赤枠内について報告してください。第1報は原則事故発生当日（遅くとも事故発生翌日）、第2報は原則1か月以内程度に行うとともに、状況の変化や必要に応じて追加報告してください。また、事故発生の要因分析や検証等の結果については、でき次第報告してください。
※ 第2報報告に当たっては、記載内容について保護者の了解を得た後に、各自治体へ報告してください。
※ 記載欄は適宜広げて記載してください。
※ 直近の指導監査の状況報告を添付してください。
※ 発生時の状況図（写真等を含む。）を添付してください。なお、遊具等の器具により発生した場合には、当該器具のメーカー名、製品名、型式、構造等についても記載してください。

出典：内閣府「教育・保育施設等 事故報告様式（Ver.2）」

①自治体名や所在地など

　頻繁に変わるものではありません。こうした項目は事故が発生してからではなく、事前に書いておきましょう。

②発生状況

　事実と意見（推測・可能性）を分けて書きましょう。事実として書く際は数字で表現できることは数字を使うとよいでしょう。

③当該事故に特徴的な事項

　普段と異なる保育をしていた際は、それが事故原因である可能性があります。いつもの保育とどこが、なぜ違ったのかを書くようにしましょう。

事故報告書の書き方（要因分析）

教育・保育施設等　事故報告様式【事故再発防止に資する要因分析】

要因	分析項目		記載欄【選択肢の具体的内容を記載】
ソフト面 (マニュアル、研修、職員配置等)	事故予防マニュアルの有無		マニュアルや指針の名称を記載してください
	事故予防に関する研修	実施頻度( )回/年	【具体的内容記載欄】 ※実施している場合は、研修内容・対象者・講師等も簡単に記載してください
	職員配置		【具体的内容記載欄】 事故発生時ではなく、事故発生当日の保育体制としての配置人数について記載してください
	その他考えられる要因・分析、特記事項		当該事故に関連する要因や特記がある場合、必ず記入してください
	改善策【必須】		要因分析の項目を記載した場合は必ず記載すること。改善点がない場合もその理由を記載してください
ハード面 (施設、設備等)	施設の安全点検	実施頻度( )回/年	【具体的内容記載欄】 ※具体的方法等を記載してください。
	遊具の安全点検	実施頻度( )回/年	【具体的内容記載欄】 ※具体的方法等を記載してください。また、遊具等の器具により事故が発生した場合には、当該器具のメーカー名、製品名、型式、構造等についても記載してください。
	玩具の安全点検	実施頻度( )回/年	【具体的内容記載欄】 ※具体的方法等を記載してください。また、玩具等の器具により事故が発生した場合には、当該器具のメーカー名、製品名、型式、構造等についても記載してください。
	その他考えられる要因・分析、特記事項		寝具の種類(コット、布団(堅さも)、ベビーベット、ラックなど)、睡眠チェックの方法(頻度など)、児童の発達状況(寝返り開始前、寝返り開始から日が浅い場合は経過日数、自由に動けるなど)等、乳児の睡眠環境については、特に詳細に記載すること。分析も含めた特記事項等、当該事故に関連することを記入してください。
	改善策【必須】		要因分析の項目を記載した場合は必ず記載すること。改善点がない場合はその理由を記載してください
環境面 (教育・保育の状況等)	教育・保育の状況		運動会の練習中、午睡後の集団遊び中、等具体的な保育状況を記載してください
	その他考えられる要因・分析、特記事項		分析も含めた特記事項等、当該事故に関連することを記入してください。
	改善策【必須】		要因分析の項目を記載した場合は必ず記載すること。改善点がない場合はその理由を記載してください
人的面 (国公私立保育教育施設・幼稚園教諭・保育士、保育従事者等、職員の状況)	対象児の動き		【具体的内容記載欄】 なぜそのような行動をとったのかを明らかにするため、具体的に記載してください(例:朝、母親より風邪気味と申し送りあり、いつもは外遊びをするが室内で遊んでいた等)
	担当職員の動き		【具体的内容記載欄】 なぜそのような対応をしたのかを明らかにするため、具体的に記載してください(例:雲梯の反対側で対象児ともう一人の児童を見ていたが、対象児が落下する瞬間に手を差し伸べたが間に合わなかった等)
	他の職員の動き		【具体的内容記載欄】 なぜそのような対応をしたのかを明らかにするため、具体的に記載をしてください(例:園庭で他児のトラブルに対応していたため、見ていなかった等)
	その他考えられる要因・分析、特記事項		分析も含めた特記事項等、当該事故に関連することを記入してください。
	改善策【必須】		要因分析の項目を記載した場合は必ず記載すること。改善点がない場合はその理由を記載してください

① ② ③

その他	その他考えられる要因・分析、特記事項	分析も含めた特記事項等、当該事故に関連することを記入してください。	
	改善策【必須】	要因分析の項目を記載した場合は必ず記載すること。改善点がない場合はその理由を記載してください。	③
【所管自治体必須記載欄】 事故発生の要因分析に係る自治体コメント ※事業所(者)は記載しないでください。		自治体の立ち入り検査や第三者評価の結果、勧告や改善命令などの履歴があるかどうか、その結果や改善勧告への対応、今後の研修計画等あればその内容等、所管自治体として把握していること、取り組んでいることも含めて記載してください	

《事故報告様式送付先》
●幼保連携型認定こども園、企業主導型保育事業について
・内閣府 子ども・子育て本部 （FAX:03-3581-2808）
●幼稚園の教育活動中の事故について
・文部科学省 初等中等教育局 幼児教育課（FAX:03-6734-3736）
●その他、幼稚園通園中や園における製品に関する事故、園の安全管理に関する事故について）
・文部科学省 初等中等教育局 健康教育・食育課（FAX:03-6734-3794）
●認可保育所、保育所型認定こども園、地方裁量型認定こども園、地域型保育事業、一時預かり事業（認定こども園（幼保連携型、幼稚園型）、幼稚園で実施する場合以外のもの）、病児保育事業（認定こども園（幼保連携型、幼稚園型）、幼稚園で実施する場合以外のもの）、地方単独保育施設、その他の認可外保育施設、認可外の居宅訪問型保育事業について
・厚生労働省雇用均等・児童家庭局 保育課（FAX:03-3595-2674）
●こちらへも報告してください
・消費者庁消費者安全課 （FAX:03-3507-9290）

出典：内閣府「教育・保育施設等 事故報告様式（Ver.2）」

①要因分析の方法

　要因分析の方法は様々ですが、国が指定している様式ではSHELモデル（第3章9）が使われています。

②事故予防に関する研修

　園内外の研修に参加した際は、研修で学んだことの振り返りもかねて研修報告書を作成しましょう。研修報告書は研修で配布された資料や受講修了書とともに保管しておきます。

③改善策

　改善策だけではなく、その改善策の効果を検証・測定する方法まで書くとなおよいです。

04 保護者に連絡する前に、入念な準備をする

事故・怪我発生後の保護者への連絡にはちょっとしたコツがあります。慌てて連絡すると、かえって保護者から不安視されることも……。

慌てて保護者に連絡するのは絶対にダメ！

子どもが怪我をした場合、保護者にすみやかに連絡をすることは当然のことです。ですが、だからといって、何の準備もしないまま慌てて連絡をしてはいけません。何を伝えたいのかわからないような保育者の話を聞いても、保護者は事情を正確に理解できなかったり誤解したりすることがあります。また、保育者の慌てた様子は保護者にいっそうの不安を与えます。こうした保育者の姿は、園・保育者に対する保護者の不満や不信につながります。

保護者が理解できるように、筋道を立てて説明する

当然のことですが、保護者は事故・怪我が発生したことを知りません。だからこそ、保護者が理解できるように筋道を立てて説明する必要があります。

具体的には、事故発生のお詫びを伝え、以下の①から④の順番で説明するとよいでしょう。

① 事故・怪我が発生したこと	③ 現在の子どもの様子
② 子どもへの対応	④ 保護者にしてほしいこと

保護者が一番知りたいことは、子どもは無事かということと、自分は何をすればよいのかということです。そのため、保護者に連絡をする際は、①から④をきちんと整理してから連絡をしましょう。

なお、保護者への第一報の際は、事故・怪我が具体的にどのような状況で発生したのか、事故・怪我の原因や今後の対策は省いてもよいでしょう。もちろん、保護者から質問されたらわかる範囲内で回答してください。

☐ 保護者への第一報の例

園庭で転倒して頭部に強い衝撃を受けたようでしたので、
① 　事故・怪我が発生したこと

救急車でX病院へ搬送しました。
② 　子どもへの対応

搬送時のこころちゃんの様子は、

意識ははっきりしていて、しっかり会話もできていました。
③現在の子どもの様子

現在、X病院で検査を行っていますので、

すぐに病院へ向かっていただけますか。
④保護者にしてほしいこと

▶ 保護者に連絡する前のシミュレーションが大事！

　事故・怪我が発生したことをすぐに保護者に連絡したくなる気持ちはわかります。ですが、保護者に安心してもらうためにも、入念に準備をしてから連絡するようにしましょう。

　具体的には**保護者が質問しそうなことを予想して、回答を用意しておく**のです。①から④の順番で説明し終わった後で（あるいは最中に）、事故・怪我の詳しい状況を理解するために保護者が質問することはよくあります。その質問を予想して、どのように回答するかを考えておくのです。

　もちろん、予想していない質問をされることもあるでしょう。ですが、こうした予想と回答の準備をしておくと、**保育者に心のゆとりが生まれます**。こうしたゆとりがない状態で慌てて保護者に連絡をすると、早口になって保護者が聞き取りにくくなり、支離滅裂な伝え方になって保護者が理解できない内容になりがちです。

　このように、保護者に連絡をする前の入念な準備が大事です。もちろん、多くの時間を割くことはできません。だからこそ、保育者1人で行うのではなく、**園長や主任と力を合わせて保護者が質問しそうなことを予想し、回答を準備しましょう**。

　なお、電話連絡をする際は、行き違いを防止するためにも、録音しておくとよいでしょう。

05 保護者への連絡では、安易な判断を下す言葉は使わない

事故・怪我の発生を保護者に伝える順番に加えて、伝える内容にも注意を払いましょう。特に大事なことは、事実と意見を区別することです。

▶「伝える」と「伝わる」は違う！

　保護者に連絡する際は、状況を「伝える」という姿勢ではなく、保護者に「伝わる」ようにするという姿勢でのぞむようにしましょう。「伝える」という姿勢は保育者視点であって、保護者の立場や気持ちを考慮しない伝え方になりがちです。一方で、「伝わる」という姿勢は相手（保護者）視点であって、保護者の立場や気持ちを考慮した伝え方になります。保護者が知りたいことは何か、どう伝えると正確に理解されるか、どういう言葉を使うと誤解されないか。こうしたことを考えると、保護者に「伝わる」伝え方になります。

▶ わからないことは、わからないと言う

　保護者に連絡をすると、「子どもは大丈夫なんですか？」と質問されることが多々あります。このようなとき、言葉に気をつけつつも、わからないことはわからないと伝えることが大事です。保育者は保育の専門家であって医療の専門家ではありませんから、安易な判断を下すような発言をするのは専門家の姿勢として適切ではありません。事故発生時ガイドラインにも「こちらから「大丈夫です」「たいしたことはありません」などの安易な判断をくだすような言葉はさける」と示されています。

　そうはいっても、「わかりません」と回答するだけでは保護者はいっそう不安になりますから、状況を丁寧に説明するとよいでしょう。子どもの意識はあるか、しっかり会話はできているか、こうした事実を伝えることで、保護者の不安を解消・緩和することができます。

　起こった事故・怪我は取り消せませんが、その後の対応が適切であれば園・保育者への信頼を回復しやすくなったり、ときには事故・怪我発生前よりも保護者との信頼関係が強くなったりすることもあります。

ポイント

「大丈夫です」と軽々に言わない

　安易な判断を下す言葉を使わない理由は、保護者の期待値のコントロールにつながるからです。保育者が「大丈夫です！」と言えば、保護者は「大丈夫だ！」と判断します。ですが、精密検査をしたところ入院の必要があると判明すれば、大丈夫だと思っていたのに（期待）、そうではなかったのですから（現実）、保護者は怒りや不安を覚えます。人間の喜怒哀楽は期待と現実の差から発生するので、期待を高めて現実が期待に追いつかないと多くの場合は怒りや不安になります。保育者が安易な判断を下す言葉を使うほど保護者の期待を高めることになるということを理解しておく必要があります。

▶ 事実と意見をしっかり分けて話す

　保護者に連絡をする際は、安易な判断を下すような伝え方はしないことが大事だと説明しました。これは、**事実と意見をしっかり分けて話をする**ということでもあります。

　たとえば、「Aちゃんの意識ははっきりしており、しっかり会話もできていました。おそらく、大丈夫です」を例として考えてみましょう。どこが事実で、どこが意見でしょうか？　意識がはっきりしていたことやしっかり会話ができていたことは、その場にいた保育者が自分の目でAちゃんを見て、自分の耳でAちゃんの言葉を聞いたのなら、事実といってもよいでしょう。しかし、大丈夫ですというのは、保育者がそう判断したことです。つまり、意見です。

　保護者が知りたいことは、事実であって保育者の意見ではないことはしっかり理解しておくべきことです。事例のように頭部に衝撃を受けた場合は、医師であっても精密検査をして結果を確認しない限り大丈夫かどうかはわかりません。

　保護者に伝える際は事実と意見を分けて、事実を伝えるようにしましょう。事実と意見を区別して伝えることで、保護者との無用なトラブルを回避することができ、保護者からの信頼を勝ち取ることもできます。

4

事故後の対応と保護者コミュニケーション

06 連絡帳の書き方次第で、保護者からの信頼が増す

事故・怪我が発生した際の連絡帳の書き方とは？　適切な書き方をすれば、保護者からの信頼がぐっと増します！

▶ 事故・怪我の第一報は対面で！

　事故・怪我が発生した際の第一報は、連絡帳ではなく、**対面で保護者に伝える**ようにします。保護者が帰宅し、連絡帳を読んで子どもが怪我をしたことをはじめて知ったというのでは、「なぜ直接話してくれなかったのだろう？」と保護者は園・保育者に対して不信感をもってしまいます。保護者との信頼関係という観点からすれば、事故や怪我の第一報として連絡帳を使うことは適切ではないのです。

▶ 連絡帳は経過報告として使う！

　事故や怪我の第一報は保護者に対面で伝えますが、**その後の経過報告は連絡帳を使ってもよい**でしょう。経過報告とは、事故や怪我が子どもの園生活に悪影響を及ぼしていないことや、子どもが元気に楽しく過ごしているということです。経過報告が連絡帳に書いてあると、「事故や怪我のフォローをしっかりしている」「子どもの様子を丁寧に見てくれている」と保護者も安心し、園・保育者に対して信頼感をもつようになります。

　もちろん、経過報告は連絡帳で伝えてもよいとはいっても、**事故や怪我の程度や保護者の様子にもよります**ので注意してください。ささいな擦り傷や打撲なら連絡帳で伝えるのでもよいでしょうが、そうした傷や事故や怪我が起こったことそのものを保護者がとても気にかけているような場合は、第二報以降もしばらくは対面で子どもの様子を伝えるほうがよいでしょう。

事故・怪我の謝罪は口頭で！

　事故や怪我について謝罪する際は保護者に対して口頭で行います。「すみませんでした」「申し訳ございませんでした」と連絡帳に書いても、保護者には園・保育者の謝罪の気持ちは伝わらないでしょう。むしろ、保護者の不信や怒りを増してしまうことになります。また、連絡帳に記入する経過報告では、謝罪の言葉をたくさん、何回も書くよりも、子どもの姿を詳しく書くことが大事です。保護者が一番知りたいことは、事故や怪我の影響はなく子どもが楽しく園生活を送っているかどうかなのですから。

▶ 保護者からの信頼を得る連絡帳の書き方のポイント！

　事故や怪我の経過報告を連絡帳に書く際は、子どもの様子を丁寧に書くとよいでしょう。具体的には2つポイントがあります。

　1つは、**子どもの様子をいつも以上に詳しく書くこと**です。事故や怪我が子どもの生活に悪影響を及ぼしていないということを子どもの活動の様子を詳しく書いたり、子どもの言葉を引用したりして伝えるのです。いつも以上に丁寧に詳しく子どもの姿を書くことで、事故や怪我の影響はないということが保護者にもはっきり伝わります。

　もう1つは、**保護者に質問を投げかけること**です。「ご自宅での様子はいかがでしょうか？」「まだ痛みが残っているようでしょうか？」のように、事故や怪我の経過について保護者に質問を投げかけるのです。保育者から質問を投げかけることで、保護者が気になっていることを質問しやすくなるだけではなく、事故や怪我に対してしっかりフォローしようとしている園や保育者の姿勢が保護者にも伝わります。

　このように、事故や怪我が発生した際の連絡帳の使い方は大事です。適切な使い方をすれば、保護者からの信頼を得ることにつながるからです。

07 外部の専門家との つながりを作っておく

事故の検証は、園の職員だけではなく、外部の専門家を入れて行いましょう。
検証の精度や保護者からの納得感を高めることができるからです。

▶ 園による調査だけでは保護者は納得しないことも……

　事故を検証する際は、外部の専門家を入れて行いましょう。園の職員だけで検証を行って保護者に報告しても、「本当に事実を話しているのか？」「何か隠していないか？」と感じる保護者もおり、保護者の納得を得ることが難しいこともあります。また、外部の専門家を入れて検証を行うと、園の職員だけで検証したのでは得られない発見や学びがあります。日頃から園にいないからこそ気がつくことや感じることがあるからです。だからこそ、外部の専門家を入れて検証を行うのです。

　死亡事故のような重大事故が発生すると、自治体に事故検証委員会が立ち上がり、事故の検証が行われます。同じように、園内で事故が発生したときや不適切保育が発覚したときは、外部の専門家を入れた第三者委員会を立ち上げるとよいでしょう。委員会で検証を行い、再発防止策を考えることで、保護者からの信頼回復につなげるのです。

▶ 困ったときに頼れる安全管理の専門家はいますか？

　事故発生時に備えて外部の専門家とのつながりを作っておきましょう。事故が発生してから唐突に依頼するのではなく、安全管理に関する園内研修の講師や園巡回・視察を日頃から依頼し、つながりを作っておきましょう。園の様子や雰囲気をある程度把握している外部の専門家こそが、事故発生時や検証の際に力強い味方になってくれます。

　外部の専門家は、園に設置されている「苦情解決窓口」の担当者とはやや異なります。こうした担当者は必ずしも安全管理の専門家とは限りません。事故発生時や検証で必要なのは、安全管理について専門的な知識をもっている専門家です。困ったときに頼りになる安全管理の専門家とのつながりを日頃から作っておくようにしましょう。

第三者委員会についても準備しておく

　　事故や不適切保育が発生した際に園に設置する第三者委員会は、委員選定の基準や調査権限など自治体が設置する事故調査委員会とは様々な点で異なります。ですが、外部の専門家を入れた第三者委員会をすみやかに立ち上げて、事故や不適切保育の対応をしようとしているという姿は、自治体や保護者に好意的に捉えられるでしょう。また、事故や不適切保育を起こしてしまった園も、第三者委員会があることで冷静に事態を把握することができます。事故や不適切保育が発生した際は第三者委員会を立ち上げることを想定し、誰に依頼するかを決めておくとよいでしょう。

▶ 頼りになる専門家を見極める3つの基準とは？！

　頼りになる専門家を見極める基準は様々にありますが、ここでは3つ示します。

　1つめは、**保育の楽しさと事故防止のバランスを大事にする姿勢があること**です。子どもの安全を守るための仕組みやルールを考える際に、保育者が保育を楽しめるような視点や意見を提案できる専門家がよいでしょう。

　2つめは、**現場に寄り添って考える姿勢があること**です。外部の専門家を招く際は、大学の研究者に依頼することが多いでしょう。「べき論」や「正論」ばかり主張する専門家ではなく、現場の複雑さや大変さ、白黒はっきり区別できない現場の曖昧さや機微を理解しようとする（理解している）専門家がよいでしょう。

　3つめは、**メールの返信が早いこと**です。事故発生後や検証は、慌てて行うものではありませんが、一定の速度・テンポが必要です。自治体や保護者への説明は、いつまでも待たせることはできません。そのため、園と外部の専門家は対面だけではなく、メール交換を通じても意見をかわし、問題解決に向かわなくてはなりません。たかだかメールの返信と思うかもしれませんが、頼りになる専門家かどうかを見極めるうえでメールの返信速度は意外と重要です。メールの返信速度が早い専門家がよいでしょう。

よくないことほど早く共有する

　事故や怪我、不適切保育のようなよくないことは、すみやかに職員全員で共有しましょう。よくないことは放置したり隠ぺいしたりすると、いっそう事態が悪化し、次第に取り返しのつかないことになります。最後は、園だけでは対処しきれず、自治体や保護者、世間から厳しい批判を受けることになり、園の信頼や評判は失われます。

　よくないことをすみやかに共有するためには、園の雰囲気や職員同士の人間関係が大事です。保育中のヒヤリハットを月3回報告すると始末書を書かされる園があります。園内で子どもが怪我をすると全職員が参加する会議で保育者が批判や非難を受ける園もあります。こうしたやり方が常態化していると、園の雰囲気や人間関係がとても悪くなります。その結果、よくないことはなかなか明るみにでてこなくなります。

　そこで、「なぜ怪我をさせたのか」のような「人」ではなく、「なぜ怪我が発生したのか」という「出来事」に焦点を当てるような言い方や考え方を日頃から大事にしましょう。事故や怪我の発生は保育者個人ではなく園全体の問題であるという意識が保育者に根付いていきます。そうなると、よくないことをすみやかに共有するようになっていきます。結果として、よくないことを早期に発見でき、大事になることを回避することができるのです。

第 **5** 章

職員の意識と行動が
変わる園内研修
（ワーク）

ワーク

1

チャイルドマウス＆幼児視野体験メガネを使った「幼児体験」

ワークの趣旨

● 知識として学んだことを実際に体験することで理解を深める。

● 幼児の立場から危険箇所を探り、対策を考えるヒントを得る。

参加者（人数）▶ 全職員
実施時間（の目安）▶ 2時間
準備するもの▶ チャイルドマウス、幼児視野体験メガネ、園の見取り図

手順

① チャイルドマウスと幼児視野体験メガネを作る

チャイルドマウスと幼児視野体験メガネを各自で作りましょう。

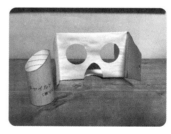

▼

② 園内にある様々な玩具をマウスに通す

子どもが遊んでいる玩具をマウスに通してみましょう。

ポイント ミニカーやブロック等、通常は横にして使うものでも縦にしてみることでマウスを通過しないか確認しましょう。

▼

③ メガネを装着して、子どもの動線に従って動く

メガネを装着して、子どもの目の高さになって、子どもの動線に従って園内を動いてみましょう。

ポイント 保育室（教室）だけではなく、階段や廊下、トイレ、園庭、ホールも確認しましょう。

▼

④ マウスとメガネの体験からの学びを生かす

　まずは、各自で気づいたことをまとめましょう。特に、事故・怪我が起こりそうな場所はどこだったかを振り返ります。危険だと感じた箇所を園の見取り図に書き込んでいくとよいでしょう。次に、各自の気づきを参加者全員で共有します。危険箇所のような問題点が明らかになったら、体験の熱が冷めないうちにその場で解決策を考えます。「後からじっくり考えよう」というのでは、結局は何も解決しないままになりがちです。

ワークをさらに深めよう

1. 子どもの口の大きさと視野

　3歳児の口の大きさは直径約4cmと言われていますから、これより小さいものは誤飲の危険があります。また、6歳児の平均的な視野は左右（水平）で約90度、上下（垂直）で約70度と言われています。当然、月齢が低くなると視野はいっそう狭くなります。こうした知識を踏まえてチャイルドマウスと幼児視野体験メガネで実際に体験すると、理解がいっそう深まります。

2. 体験「＋考察」が大事！

　ニーチェという哲学者は、「体験しても、あとでよく考察しなかったら、何にもならないのだ。どんな体験をしても、深く考えてみることがなければ、よく噛まずに食べて下痢をくり返すようなことになる。つまり、体験から何も学べていないし、何も身につかないということだ」と、体験したことを考察することの大切さを指摘しています。チャイルドマウスと幼児視野体験メガネを体験して、「楽しかった」「学びになった」「危険箇所がわかった」というだけでは、この研修から何も学べていないということです。

　そこで、この体験から明らかになった危険箇所のような問題点を参加者全員で共有し、解決策をその場で考え合います。参加者全員がそれぞれの視点から考えを出し合うことで、よりよい解決策が見つかります。研修は受けることに意味があるのではなく、研修の成果が保育に反映されることに意味があります。なぜなら、保育に反映されてはじめて研修の成果が子どもに届くからです。体験「＋考察」を意識して、本研修を実施しましょう。

> **まとめ**　チャイルドマウスと幼児視野体験メガネを使って、子どもの立場から考える体験をしましょう。体験するだけではなく、問題点があれば解決策を考えることが大事です。

ワーク

2　事故防止マニュアルの読み合い

ワークの趣旨

- 事故防止マニュアルを読み合い、事故防止対策を理解する。
- 読み合う過程で改善点が見つかれば、その場でマニュアルを修正する。

参加者（人数） 全職員
実施時間（の目安） 1時間から1時間半
準備するもの 事故防止マニュアル

手 順

① 研修会前に各自で事故防止マニュアルを読む

研修会に参加する前にマニュアルを熟読し、改善点や疑問点、深く理解したい箇所をメモしておきましょう。

▼

② 全職員でマニュアルを読み合う

マニュアルを読み合いながら、「なぜそういうルールなのか」というルールの背景や、ルール通りにできていないところがあればその原因を考え合いましょう。

▼

③ マニュアルの改善点があればその場で修正する

マニュアルに改善すべきところが見つかったら、その場で修正しましょう。後から修正するという姿勢は好ましくありません。

ポイント 保育者各自が行っている事故防止につながるような工夫や対策も紹介し合いましょう。

▼

④ マニュアルを読み合った事実を記録・保管する

研修実施記録の中に、事故防止マニュアルを全職員で読み合ったことを記録しておきましょう。

ワークをさらに深めよう

1. マニュアルを読みながら保育を点検する

マニュアルはただ読めばよいのではありません。読みながら自分の保育と照合・点検する必要があります。マニュアル通りにできていないところは、マニュアルに無理があるのか、保育に問題があるのかを確認しましょう。マニュアルに無理があれば、国や自治体のルールに反しないように留意しながら、園・保育の実情に合わせてマニュアルを修正します。保育に問題があるのなら、マニュアル通りにできていない理由を探ります。その際は、保育者の知識・技術・意欲・体調という個人の視点だけではなく、職場のルール・労働環境・人間関係という組織的な視点からも原因を探るようにしましょう。大事なことは、マニュアル通りにできていないことを非難・批判することではなく、それを発見・改善することです。

2. それぞれが工夫していることを共有する

研修会では、1人でマニュアルを黙読するのではなく、全職員で話し合いながら読むとよいでしょう。その際、各自が工夫していることを伝えましょう。自分ではたいしたことがないと思うことでも、同僚からすれば「なるほど!」「そんなやり方があったのか!」と思うことはたくさんあります。よく言われるように、自分が見ている世界と見えるはずの世界は違います。事例検討会やマニュアルの読み合いを通した話し合いは、自分では気がつかなかったことに気がつくチャンスなのです。同僚の工夫を聞くことで、見えるはずの世界が見えてくるのです。

まとめ　事故防止マニュアルを使って、自分の保育を点検・改善しましょう。マニュアル自体も常に見直し、必要に応じて改善していきましょう。

5

職員の意識と行動が変わる園内研修(ワーク)

ヒヤリハットを活用した
事故報告書作成シミュレーション

ワークの趣旨

● ヒヤリハットを活用して事故報告書の作成方法を学ぶ。

● 事故報告書作成を通して事故原因・対策の理解を深める。

参加者（人数）▶ 全職員
実施時間（の目安）▶ 2時間
準備するもの▶ ヒヤリハット報告書、教育・保育施設等事故報告様式（以下、事故報告書）

手順

①ヒヤリハット報告書を読み合い、議論する

　ヒヤリハット報告書を読み合い、ヒヤリハットが発生した状況、要因分析、対策を話し合いましょう。

▼

②事故報告書の記入例を読み合い、書き方を理解する

　事故報告書には記入例が赤字で掲載されたサンプル版があります。記入例をよく読み、書き方を理解しましょう。

▼

③ヒヤリハットを実際に発生した事故・怪我と仮定して、事故報告書を記入する

　ヒヤリハット報告書に「階段から転落しそうになった」とあれば、実際に階段から転落し、重大事故が発生したと仮定します。そのうえで、事故報告書に記入しましょう。

ポイント　「なぜヒヤリハットが起きたのか」という要因分析が何より大事！　いきなり解決策を考え始めないこと。

▼

④各自で記入した内容・書き方を全職員で共有し、学び合う

　同僚が記入した内容や書き方を読み、自分が記入した内容・書き方と比べてみましょう。優れていたところや学びになったことはメモをしておきましょう。

ワークをさらに深めよう 🖊

1. SHELの視点を身につける

　この演習は事故報告書の書き方を学ぶことを第一の目的としています。とはいえ、重大事故が発生した際にこの報告書に記入するのは、多くの場合は理事長・園長です。一クラス担任が記入することはそれほど多くはないでしょう。それでもこの演習に意味があるのは、ヒヤリハットを参考にして事故報告書に記入したり、事故報告書に何を記入しなければならないかを理解したりすることで、事故防止・安全管理に対する保育者の意識を高めることになるからです。というのは、この報告書ではSHELの視点から要因分析をします（第3章9を参照）。報告書に記入する練習をすることでSHELの視点を身につけ、日頃の保育のなかでもその視点を生かすことができるようになるからです。「私はこの報告書を書く立場ではない」と考えるのではなく、報告書を書く演習を通して自分自身の事故防止・安全管理に対する意識向上につながっていると考えるようにしましょう。

2. 対策を作ったら、徹底的に行う＆モニターする

　事故防止の対策を立てて終わりにしていませんか。事故防止のために何をすればよいかという行動を明確にしたら、徹底的に行うことが大事です。中途半端やいい加減のような徹底さが足りない行動では、対策の効果がでてきません。徹底的にやるためには、モニターが必要です。ルール・マニュアルに則した行動がきちんとできているかを節目で確認するのです。対策がきちんと機能しているか、効果的かを確認することにもつながります。

　安全対策の多くは「当たり前のこと」です。誰も聞いたことがないような対策はあまりなく、誰でも知っているような対策がほとんどです。それでも事故が発生するのは、対策が不十分というより、対策のなかですると決めた行動が徹底的になされていないということがあります。当たり前のことを徹底的にやり、徹底的にできているかを節目でモニターしましょう。

> **まとめ** ヒヤリハットが実際に発生したと仮定して事故報告書を作成してみましょう。そうすることで、事故報告書の書き方だけではなく、SHELの視点から保育を見ることができるようになり、事故防止の意識向上につながります。

5

職員の意識と行動が変わる園内研修（ワーク）

ワーク

4 事故発生時の保護者対応シミュレーション

ワークの趣旨

● ロールプレイングを通して事故発生時の保護者への連絡方法を身につける。
● 保護者への連絡に関する職員間の連携が適切か確認する。

参加者（人数）▶ 全職員（4人1組）
実施時間（の目安）▶ 1時間半から2時間
準備するもの▶ 事故発生時対応マニュアル、メモ用紙

手 順

① 事故発生時対応マニュアルを読み合う

事故発生時の保護者への連絡方法を確認し合いましょう。

▼

② 保護者役と保護者に連絡する保育者役に分かれる

次に説明するロールプレイングの振り返りの質を高めるため、4人1組くらいになるとよいでしょう。4人1組の場合は、保護者役3名、保育者役1名になります。

▼

③ 子どもが怪我をしたことを想定して、保護者役に状況を伝える

想定内容は事前に考え、紙に書き出しておいてもよいでしょう。あるいは、ヒヤリハット報告書を使ってもよいでしょう。保護者役は保育者役の伝え方についてよかったところと改善点をメモしておきましょう。

ポイント　保育者役は、第4章4、5で解説したポイントを意識して説明してみましょう。また、保護者役は実際に保護者の気持ちになって、質問をしたり、怒ったりしてみましょう。

▼

④ 役を交代して③を行う

▼

⑤ 保育者役の伝え方や伝えた内容について話し合う

　よかったところと改善点をセットにして出し合いましょう。褒め合うことも大事ですが、褒め合うばかりではスキルアップにつながりません。改善点を発見し、確実に改善することでスキルアップになります。

ワークをさらに深めよう

1. ロールプレイングの成功のカギは保護者役にあり！

　効果的なロールプレイングにするためには、保護者役が大事です。「はい」「わかりました」と保育者役の説明を聞き入れるだけではなく、事故発生時の保護者の気持ちになって、怒ったり食い下がったりと様々な反応を保育者役に返しましょう。誤解を恐れずに言えば、保育者役が考えていないだろうことやあえて意地悪な反応を返すということです。これによって、保育者役は本番さながらの対応を考えることができます。

2. 魚の釣り方を理解することが大事！

　「授人以魚 不如授人以漁」という言葉があります。「飢えている人に魚を与えれば一日で食べてしまうが、魚の釣り方を教えれば一生食べていける」という考え方です。この考え方は、事故発生時の保護者への連絡方法を学ぶ際にも大事です。園のマニュアルに書いてあるやり方を覚えるだけでは、深い理解につながらないし応用もききません。つまり、それは魚をもらっただけです。

　なぜそうしたやり方になっているのでしょうか。どういう経緯でそのやり方が完成したのでしょうか。マニュアルに書かれているやり方の背景やメカニズムを理解することで、そのやり方をいっそう効果的に、柔軟に活用することができます。つまり、魚の釣り方を教えてもらうのです。ロールプレイングは魚の釣り方を理解するよい機会になります。お互いのやり方を見ながら、質疑や教え合いができるからです。

3. 職員間の連携を確認しましょう！

　ここでは、保護者と保育者間のやり取りのロールプレイングの説明をしました。一方で、事故発生時の保護者対応では職員間の連携も大事ですから、職員間の連携のロールプレイングも行いましょう。特に、園長が不在時に事故が発生した場合のシミュレーションをしておくとよいでしょう。

> まとめ　保護者役と保育者役に分かれたロールプレイングを通して、事故発生時の保護者への連絡方法を身につけましょう。効果的なロールプレイングにするためには保護者役の反応が大事です。

5

職員の意識と行動が変わる園内研修（ワーク）

ワーク

5 保育見学（ピアレビュー）

ワークの趣旨

- 同僚保育者の保育を見学し、課題と改善方法を話し合う。
- 同僚保育者の保育から優れた点を学び、自分の保育に生かす。

参加者（人数） 保育実践者1名、見学者2名
実施時間（の目安） 保育時間終日
準備するもの 事故防止マニュアル、メモ用紙

手順

① どの保育者の保育を見学するかを決める

　大人数で見学すると子どもの様子が変化してしまい課題を発見しにくくなります。2名程度で見学しましょう。

▼

② 保育の様子を見学し、事故防止や安全管理の観点から課題と考えられることをメモする

ポイント 気になったことがあっても、保育中の保育者に話しかけることはしないようにしましょう。

▼

③ 保育後に保育実践者とともに課題を共有し、改善方法を話し合う

　見学者が課題を感じたことを実践者と共有し、改善方法を話し合いましょう。

ポイント その際、なぜそのようなやり方をしているのかを聞き、実践者の気持ちに寄り添いながら話し合うことが大事です。また、課題だけではなく自分なりの改善方法も一緒に提案し、建設的な話し合いになるように心がけましょう。

▼

④ 職員会議で保育見学について報告する

　一つのクラスで起こっていることは他のクラスで起こっていることがあります。保育見学での学びを全クラスに展開し、園全体の事故防止・安全管理につなげましょう。

ワークをさらに深めよう

1. 保育見学は「評価」「あらさがし」「監査」ではない！

　同僚保育者による保育見学は、保育実践者のあらさがしや批判・非難のための活動ではありません。実践者が気づかない保育中の危険性を見学者が感知・発見する活動です。

　なぜ保育見学が必要かというと、他者はすぐに気づくけれど、自分ではまったく気づかないことがあるからです。日々保育をしていると、自分にとって当然のこと（いつもやっていること）は自覚しにくくなります。当然のことは、自分の保育に大きな影響を及ぼすものでありながら、自覚しにくいものだから厄介なのです。では、どうすれば自覚できるかというと、他者の視点を使うのです。見学者にとっては、実践者が当然視することは当然ではありません。当然どころか、違和感、不思議、疑問を感じることもあります。だから、見学者は実践者が気づかないことに容易に気づけるのです。

　保育にリスクはつきものです。リスクに対する考え方には、保育者それぞれの保育観や子ども観が影響を及ぼします。ですから、ある保育者は危険性を感じないことでも、別の保育者は危険性を感じることがあります。それゆえに、保育者を単に批判・非難するようなことは意味がありません。保育見学を通して発見した課題とその改善方法を、見学者と実践者が一緒になって丁寧に話し合うことが大事なのです。

2. 保育見学と事故防止マニュアルを読み合う研修をセットに！

　すでに説明したように、事故防止マニュアルを読み合う研修は大事です。ですが、事故防止マニュアルを読み自分で自分の保育を振り返るだけでは、気づかないことがたくさんあります。気づかないことのなかに重大事故につながる危険な要因が隠れているかもしれません。事故防止マニュアルを読み合う研修だけではなく、保育見学も実施しましょう。両方の研修を実施することで、保育の安全性を確実に向上させることができます。

> **まとめ**　同僚保育者による保育見学は保育の危険性をあぶり出すのに効果絶大！　事故防止マニュアルを読み合う研修とセットにして実施しましょう。

ワーク

6 どっきり！抜き打ちテスト

ワークの趣旨

● マニュアルに関する抜き打ちテストで事故防止の手順や方法の理解度を確認する。
● 保育者の理解度を踏まえてマニュアルの改善を検討する。

参加者（人数）▶ 任意
実施時間（の目安）▶ 30分から1時間
準備するもの▶ 事故防止マニュアル、事故発生時マニュアル、メモ用紙

手 順

① 職員会議・保育カンファレンスの中で、事前の予告なしに、たとえば「アレルギー疾患をもつ子どもがアナフィラキシーショックになった場合、どのような方法・手順で対応しますか」と研修担当者や園長が質問する

ポイント　事故防止の研修中ではなく、日頃の会議の中で突然質問するということが大切です。だからこそ、質問された保育者自身も事故防止の方法・手順を本当に理解しているか確認できます。

▼

② 質問に対する回答を参加者に記述してもらう

ポイント　回答を記述してもらうことが大切です。「手順1：〜、手順2：〜」というように、きちんと書き出してもらうことが大事です。口頭で説明する場合と異なり、記述する場合は曖昧な理解ではきちんと書けませんから、理解している、していないがよりはっきりわかります。

▼

③ 参加者それぞれが記述した内容を発表・共有し、話し合う

　正解・不正解が大事なのではなく、事故防止に対する自分の理解度を正確に把握することが大事であるという意識をもちましょう。

▼

④ マニュアルと照合する

　多くの保育者が間違えた箇所はマニュアルに無理があるかもしれませんので、マニュアルを再点検するとよいでしょう。

ワークをさらに深めよう

1. 「初動」が間違っていないか確認する

　抜き打ちテストでは、マニュアルで決まっている対応方法・手順の初動（第一歩）が間違っていなかったか確認しましょう。青森県に行きたい人が関西・九州方面へ向かう東海道新幹線に乗車しても到着しません。間違った場所に全速力で到着するだけです。初動は後のすべての行動に影響を与えるため、初動を間違えたり勘違いしたりすると適切な事故対応になりません。自分の回答とマニュアルを比べて、初動が適切であったか確認することは特に大事です。

2. 多くの人が間違えた場合は、マニュアルを2つの観点から見直す！

　抜き打ちテストで多くの保育者が間違えた箇所は、次の2つの観点からマニュアルを見直してみましょう。

　第1に、すべきことが曖昧ではないか、複雑ではないかということです。曖昧・複雑なことは、理解・腹落ちしにくく実際の行動に移すことが難しくなります。すべきことが曖昧な場合は、誰が、なぜ、どうやってやるのかなどを明確にしましょう。

　第2に、すべきことが多すぎないかということです。もちろん、適切な対応のためにはすべきことが複数あるのは当然ですが、本当にこの行動（ステップ）は必要かという観点から対応方法・手順を見直すとよいでしょう。つまり、引き算の発想で見直すということです。減らせることはないか、別々に行っている行動を1つにまとめることはできないかと考えてみましょう。あれもこれもと詰め込み過ぎているのでは、保育者が理解しきれず、適切な行動に移すことができません。

　大事なことは、マニュアルに書いてあることを保育者が理解し、確実に行動に移すことができることです。抜き打ちテストで多くの保育者が間違った箇所は、マニュアルに無理がある可能性もあるので見直してみましょう。

> **まとめ**　抜き打ちテストをすることで、事故防止に対する自分の理解度を正確に把握できます。特に、対応方法・手順の初動が間違っていないかが大事です。

職員の意識と行動が変わる園内研修（ワーク）

付 録：原典を確認しておきたいガイドライン・資料（通知）

教育・保育施設等における事故防止及び
事故発生時の対応のためのガイドライン

特定教育・保育施設等における事故情
報データベース

教育・保育施設等におけるヒヤリ・ハ
ット事例集

ヒヤリ・ハット調査「誤飲等による乳
幼児の危険」調査報告書

認可外保育施設に対する指導監督の徹
底について

認可外保育施設指導監督　みんなはど
うしてる？

2章16で紹介した「保育所等における園外活動時の安全管理に関する留意事項」についてはこちらに掲載されています。

保育所等における安全計画の策定に関する留意事項等について

放課後児童クラブ等における安全計画の策定に関する留意事項等について

教育・保育施設等事故報告様式（Ver.2）

送迎用バスの安全対策

保育所におけるアレルギー対応ガイドライン（2019年改訂版）

保育所等における虐待等の防止及び発生時の対応等に関するガイドライン

大好評！翔泳社の保育書のご紹介

現場の保育者の声を徹底リサーチ！
新人指導や園内研修に明日から使える内容が満載です。

「保育技術のきほん」だけでなく、園長や先輩とのコミュニケーションの取り方、仕事の優先順位の付け方、そして、気分転換の方法までを紹介しています。

【主な内容】
- □ 保育現場の仕事の流れは？
- □ 保護者の顔を覚えるコツは？
- □ おたよりを書くポイントは？
- □ 仕事の優先順位の付け方は？
- □ 仕事を家に持ち帰らないためには？ など

連絡帳を上手に書くコツとともに、保護者に信頼される文章を書くための、"一生使えるきほん"が身につきます！

【主な内容】
- □ 保護者の信頼を得る！連絡帳10のルール
- □ 文章の「きほん」＆時短テクニック
- □ 実例でわかる！難しい質問・要望への応え方
- □ 間違えると恥ずかしい！紛らわしい漢字・表現一覧
- □ 印象がガラっと変わる！ポジティブワード変換表
- □ これなら簡単！丁寧語、敬語変換表　など

新人・後輩を「安心して仕事を任せられる保育者」に育て上げるためのノウハウを伝授！

【主な内容】
- □ 5つの基本スキルの育て方
  （読む、書く、話す、聞く、考える）
- □ メンタル・心構えの育て方
  （すぐに落ち込む、積極性が足りない、など）
- □ 新人が伸びる仕組み・制度のつくり方
  （採用・育成計画、人事評価のポイント、など）